Die

finanzielle Überwachung

der

Gaswerksunternehmen

Von

Dr.-Ing. Friedrich Greineder

Betriebsingenieur der Gaswerke Köln a. Rh.

Mit 3 Abbildungen im Text

München und Berlin

Druck und Verlag von R. Oldenbourg

1911

Inhaltsverzeichnis.

I. Abschnitt.

II. Abschnitt.

III. Abschnitt.

Schluß.

Die finanzielle Überwachung der Gaswerksunternehmen.

Einleitung.

Der vollendete Wirtschaftserfolg eines Erwerbsunternehmens ist sehr wesentlich durch eine sorgfältige finanzielle Überwachung bedingt. Dieser Grundsatz gewinnt für Gaswerke, die nicht nur im privaten, sondern mit Recht auch im öffentlichen Besitz als Erwerbsunternehmen behandelt werden, erhöhte Bedeutung, sobald man die außerordentlich rasche Ausdehnung und die gewaltigen wirtschaftlichen Umgestaltungen in Betracht zieht, welche diese Unternehmen in kurzer Frist erfahren haben und weiter die Notwendigkeit rationeller Fortentwicklung berücksichtigt, welche die rührige Konkurrenz der Elektrizität bedingt.

1. Nahezu ein volles Jahrhundert ist seit der Begründung der Gasversorgungsindustrie am 1. April 1814 verflossen, an welchem Tage der Stadtteil St. Margareths in London im Wiederschein der rötlichen Gasflamme erstrahlte und doch hat noch ein großer Teil der jetzt lebenden Generation die Entwicklung dieses bedeutenden Industriezweiges in allen wesentlichen Phasen miterlebt. Die folgende Statistik[1]), zusammengestellt nach N. H. Schillings Statistischen Mitteilungen über die Gasanstalten Deutschlands, Österreich-Ungarns und der Schweiz usw.[2]) zeigt den Verlauf der Ausbreitung des Gases in Deutschland:

---

[1]) Vgl. E. Schilling: „Die Entwicklung der Gasanstalten im letzten Jahrzehnt". Journal für Gasbeleuchtung und Wasserversorgung 1896, S. 411.

[2]) Siehe auch E. Schilling, 5. Folge dieser Mitteilungen, München, R. Oldenbourg, 1896.

Jahr	Gasproduktion in cbm	Zunahme der Gasproduktion in cbm	Zunahme pro Jahr in Millionen cbm
1859	44 514 100	—	—
1862	68 527 900	24 013 800	8,0
1868	151 970 200	83 442 300	13,9
1877	324 812 800	172 842 600	19,2
1885	479 047 000	154 234 200	19,2
1896	733 450 600	254 403 600	23,1

Die Schillingsche Statistik aus dem Jahre 1896 ist die letzte öffentliche Statistik über Gasanstalten; ergänzend schätzt Oberingenieur Schäfer-Dessau[1]) den Gasverbrauch aus deutschen Gaszentralen

im Jahre 1899 auf 1200 Millionen cbm
» » 1908 » 1800 » »

Für das Jahr 1910 ist der Gasverbrauch deutscher Gaszentralen auf 2000 bis 2200 Millionen cbm zu veranschlagen, worüber die Erhebungen, die der Deutsche Verein von Gas- und Wasserfachmännern auf der Jahresversammlung in Königsberg im Jahre 1910 beschlossen hat, in den nächsten Monaten genaueren Aufschluß geben werden.[2]) Die graphische Darstellung dieser Zahlen (S. 3) zeigt deutlich, daß nach einer ziemlich stetigen Steigerung des Gasverbrauches in den ersten 70 bis 80 Jahren des Bestehens der Gasversorgungsindustrie Mitte der 90er Jahre die mächtige Entfaltung der Gasversorgungsindustrie einsetzte, die in der kurzen Frist von 15 Jahren bis heute zu einer Verdreifachung des Gasverbrauches führte. Berücksichtigt man, daß zu Beginn dieser Periode nahezu alle deutschen Städte und Orte herab bis zu 5000 Einwohnern bereits Gaszentralen besaßen, so ergibt sich daraus, daß sich in diesen wenigen Jahren die meisten Gaswerksunternehmungen um das Doppelte, ja Dreifache vergrößert haben.

2. Weit zwingender als die Ausdehnung der einzelnen Gaswerksunternehmen drängen die gewaltigen Umwälzungen in der inneren Wirtschaft der Gaswerksunternehmen, durch welche aus den einfachen handwerksmäßigen Betrieben der 80er Jahre in kaum zwei Dezennien bedeutende Unternehmen mit großindustriellen Wirtschaftsformen

---

[1]) Siehe A. E. Schnabel-Kühn: „Die Steinkohlengasindustrie in Deutschland". R. Oldenbourg, München, 1910. S. 40.

[2]) Nach dem diesbezüglichen Kommissionsbericht wurde inzwischen die Jahreserzeugung an Gas pro 1908/09 bzw. 1909 im Deutschen Reich zu 2 204 992 700 cbm ermittelt. Für das Jahr 1910 wurde hiernach bei einer jährlichen Gaszunahme von 5% die Gaserzeugung auf ca. 2½ Milliarden cbm geschätzt.

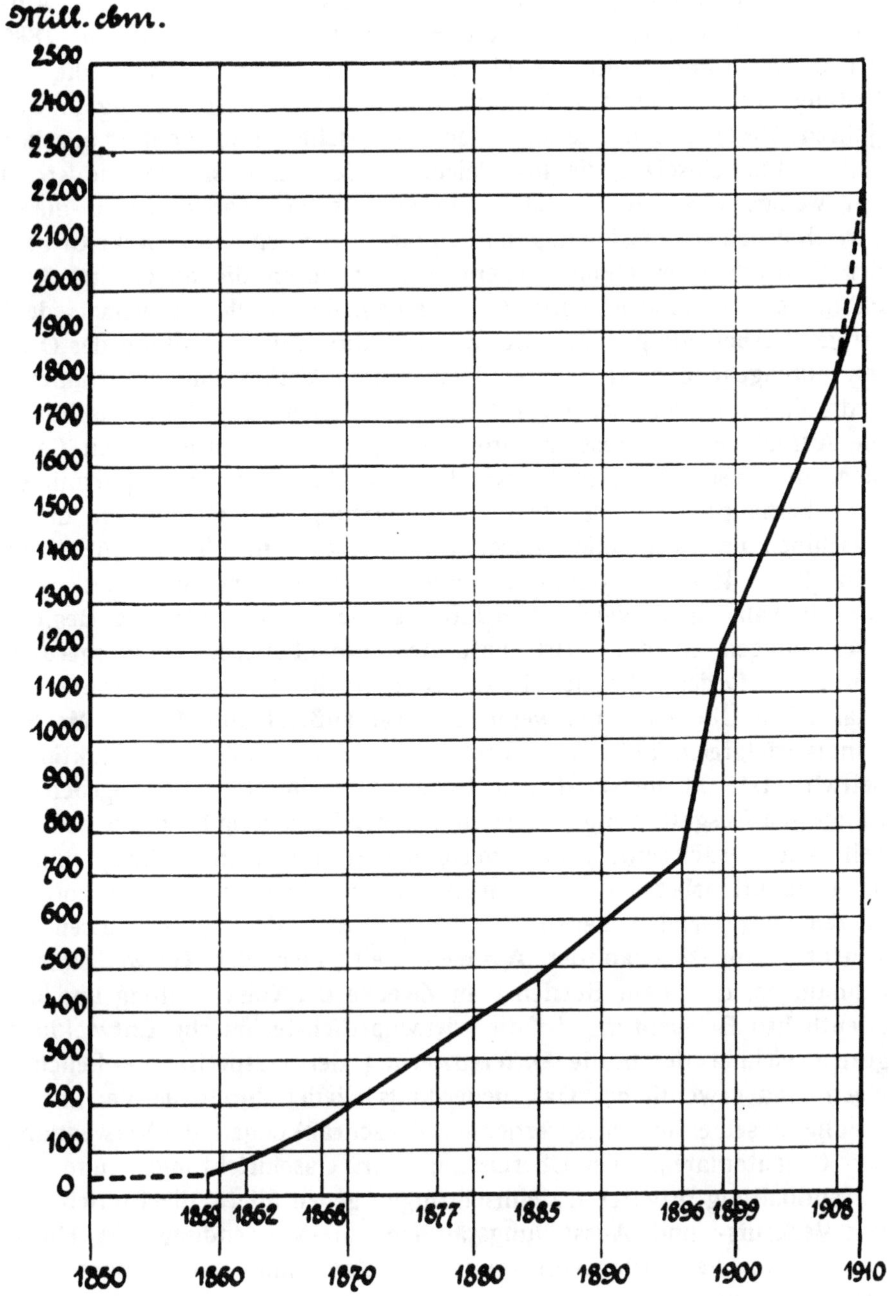
Mill. cbm.
2500
2400
2300
2200
2100
2000
1900
1800
1700
1600
1500
1400
1300
1200
1100
1000
900
800
700
600
500
400
300
200
100
0
1859
1862
1868
1877
1885
1896
1899
1908
1850
1860
1870
1880
1890
1900
1910

wurden, zur sorgfältigen, finanziellen Überwachung. Mit dem Auftreten der Konkurrenz durch die Elektrizität brachte das Jahr 1885 der Gasversorgungsindustrie, die bereits stark bedroht schien, die Erfindung des Auerschen Glühkörpers, mit dessen Verbesserung in den Jahren 1891/92 eine Periode der technischen und kaufmännischen Entwicklung einsetzte, die ihresgleichen in der Geschichte der Industrien nur wenige Beispiele besitzt. Die wichtigsten Marksteine in dieser wirtschaftlichen Entwicklung sind zunächst für den Innenbetrieb der Gaswerksunternehmen gekennzeichnet durch die allgemeine Aufnahme der Generatorfeuerung wie allgemein durch die verschiedenartigen Verbesserungen der Ofensysteme, durch die Schaffung der Öfen mit durchgehenden wagrechten Retorten in Verbindung mit zunächst hydraulisch, später elektrisch betriebenen Zieh- und Lademaschinen, die Aufnahme der Wassergasproduktion, der selbstentleerenden Cozeöfen, die ausgedehnteste Verwendung mechanischer Transportmittel, wie überhaupt der möglichsten Verdrängung der Handarbeit durch Maschinen und schließlich durch die Vertikal- und Kammeröfen aus dem Jahre 1906, an deren Vervollkommnung noch gearbeitet wird. Die Umwälzungen, welche hierdurch sowie durch zahlreiche Begleiterscheinungen in der Wirtschaft des Innenbetriebes hervorgerufen wurden, erfordern die peinlichste Sorgfalt in der Ausgestaltung der finanziellen Überwachung, wenn ja dieser äußerst komplizierte Mechanismus erfolgreich funktionieren soll. — Etwas später als im Produktionsbetrieb setzte die wirtschaftliche Entwicklung im Gasverteilungsbetrieb ein, dessen Ausgestaltung in wirtschaftlicher Beziehung bis in die neueste Zeit in stets wachsendem Maße verfolgt wird, nachdem die Entwicklung im Produktionsbetrieb bis zum Auftreten einer vielleicht schon in kurzem beginnenden neuen Epoche gewissermaßen abgeschlossen erscheint. Im sogenannten Außenbetrieb der Gaswerksunternehmungen, d. i. dem Betrieb zum Zwecke der Gasverteilung und der öffentlichen Beleuchtung, ist die wirtschaftlich-technische Entwicklung gekennzeichnet durch die Differenzierung der Gaspreise für Leucht-, Koch- und gewerbliches Gas, neuerdings wieder durch die Vereinheitlichung derselben mit entsprechenden Einschränkungen, die Verwendung der Gasautomaten, die Überlassung der Gaseinrichtungen und die Instandhaltung privater Gaseinrichtungen gegen Miete, die Einrichtung von Verkaufs- und Ausstellungsräumen, die Verwendung des Hochdruckes für die Gasfernversorgung, die Aufnahme der Preßgas- und Starklichtbrenner, der Selbst- und Fernzünder, sowie durch das hängende Gasglühlicht für die öffentliche Beleuchtung. Die Aufzählung dieser wichtigsten Etappen in der Entwicklung des Gaserzeugungs- und Gasverteilungsbetriebes innerhalb der letzten zwei Jahrzehnte möge in Verbindung mit dem Hinweis auf die gewaltigen Fortschritte in der Verwendung des Gases, wie der Verbesserung der Glühkörper, Brenner und Beleuchtungseinrichtungen für Innenbeleuchtung, der Vervollkommnung der Koch- und Heizgaseinrichtungen, der Schaffung neuer Einrichtungen zur Warmwasserbereitung und Zentralheizung, mit denen allen die Gaswerksunternehmen in mehr oder minder inniger Wechselwirkung stehen, genügen, um die außerordentliche Vielgestaltigkeit der heutigen Gaswerksunternehmen darzutun. Vollkommen durchgebildete Formen zur finanziellen Überwachung sind die notwendige Voraussetzung zur erfolgreichen Bewirtschaftung dieser vielgestaltigen Unternehmen.

3. Neben den beiden genannten Gründen führt schließlich auch noch das stets wachsende Bedürfnis nach vergleichender Beurteilung der wirtschaftlichen Ergebnisse[1]) zu einer sorgfältigen Ausgestaltung der finanziellen Überwachungsformen. Abgesehen von einer Vereinheitlichung der Abschlußformen, einem vielfach geäußerten, aber bis jetzt unerfüllt gebliebenen Wunsche nicht nur der Nationalökonomen, sondern auch zahlreicher am Erfolg derartiger Unternehmen Interessierter, besteht nur bei einer sorgfältigen Durchbildung der finanziellen Abschlußformen die Möglichkeit, sich und anderen die zahlreichen wirtschaftlichen Fragen einwandfrei zu beantworten, auf denen der Fortschritt der gesamten Gasindustrie beruht.

Im Interesse eines vollkommenen Wirtschaftserfolges der Gaswerksunternehmen wie deren rationellen Fortentwicklung erscheint es mir nach dem Erwähnten als dankenswerte Arbeit, das Gebiet der finanziellen Überwachung bei Gaswerksunternehmen vor dem Forum der Allgemeinheit einer eingehenderen Betrachtung zu unterziehen, im speziellen an Hand der entwickelten Überwachungsformen einzelner Gaswerksunternehmen die Bestrebungen auf diesem Gebiete zu überprüfen, anschließend hieran zu untersuchen, welche neuen Wege die entwickelten Wirtschaftsformen der Gaswerksunternehmen bedingen und auf der gefundenen Grundlage Überwachungsformen vorzuschlagen, die den gesteigerten Anforderungen an eine vollkommene Wirtschaftsüberwachung entsprechen.

[1]) Näheres über diesen Punkt siehe im Schlußkapitel.

I. Abschnitt.

Die zurzeit angewendeten finanziellen Überwachungsformen bestehender Gaswerksunternehmen in entwickelterer Ausgestaltung.

Die einfachen betriebswirtschaftlichen Verhältnisse der Gaswerksunternehmen früherer Zeiten brachten es mit sich, daß in den Buchführungen und damit in den verschiedenen Abschlußformen der Buchführungen, auf welchen naturgemäß in erster Linie die finanzielle Überwachung beruht, zum weitaus überwiegenden Teil nur den kaufmännischen Interessen Rechnung getragen ist. Diese Praxis hat sich in den Buchführungen der Gaswerksunternehmen in sehr vielen Fällen bis heute erhalten, obwohl die gewaltigen Umwälzungen im Betrieb der Gaswerksunternehmen eine ungleich höhere Bedeutung der Betriebswirtschaft[1]) zur Folge hatte. Da ohne schwere wirtschaftliche Schädigungen eine Vernachlässigung der Betriebswirtschaft neben der Geschäftswirtschaft nicht bestehen bleiben kann, eine Erkenntnis, die sich auch in anderen Industriezweigen Bahn gebrochen hat, so soll im folgenden zunächst an Hand einzelner, entwickelter Abschlußformen von Gaswerksunternehmen untersucht werden, wie in einzelnen Fällen diesem Bedürfnis Rechnung getragen ist.

Der finanziellen Überwachung städtischer Gaswerksunternehmen, die hier in erster Linie betrachtet werden sollen, dienen neben der Bilanz, welche mit Rücksicht auf die Inventur für die laufende Überwachung ausscheidet, vor allem die sogenannte Betriebs-Rechnung, d. i. der Abschluß der Etatsbuchführung, die Gewinn- und Verlustrechnung und weiter die vielfach in Gebrauch befindliche sog. Selbstkostenberechnung des Gases. Alle die letztgenannten Abschlußformen

[1]) d. i. die Wirtschaft im inneren Betrieb im Gegensatz zur kaufmännischen Wirtschaft nach außen und im Verkehr mit Dritten.

bauen sich bei den städtischen Gaswerksunternehmen naturgemäß auf dem Haushalt- oder Wirtschaftsplan auf, ausgenommen die Gewinn- und Verlustrechnung in den wenigen Fällen, wo neben der notwendigen Etatsbuchführung eine vom Etat vollständig unabhängige Buchführung nach dem doppelten System geführt wird. Im Schema des Haushaltsplanes ist demzufolge auch die Grundlage für die finanzielle Überwachung der städtischen Gaswerksunternehmen gegeben. Die Grundform der weitaus meisten Etatsaufstellungen und damit der Betriebsrechnungen städtischer Gaswerksunternehmen ist im folgenden Schema[1]) gekennzeichnet, aus dem sich die Gewinn- und Verlustrechnung etwa in der nachfolgenden Normalform ergibt.

Allgemeines Schema zum Haushaltplan und der Betriebsrechnung städtischer Gaswerksunternehmen.

Einnahmen.

I. Für bezahltes Gas.

II. Für Nebenprodukte:
   1. Koks,
   2. Teer,
   3. Ammoniak,
   4. Reinigungsmasse.

III. Für verschiedene Erzeugnisse:
   Erlös für Schlacke, Graphit usw.

IV. Für Gasmessermieten.

V. Für Privateinrichtungen:
   1. Anschluß- und Hausinstallationen,
   2. Unterhaltung, Abonnement auf Gasglühlichtbrenner.

VI. Für Zinsen vom Reservefonds.

VII. Für Pachte und Mieten:
   1. Pacht auf eine unbebaute Parzelle,
   2. Mieten für Dienstwohnungen.

Ausgaben.

I. Besoldungen:
   1. Gehälter
      a) für den Direktor,
      b) für den Betriebsassistenten,

---

[1]) Entnommen aus Schäfer, „Die Buchführung für Gasanstalten", R. Oldenbourg, München 1906, II. Tl., I. Abschn., Nr. 2.

c) für den kaufm. Vorsteher,
d) für den Gasmeister,
e) für den Materialienverwalter,
f) für das nichtangestellte techn. und kaufm. Personal,
g) an die Stadtkasse Anteil an den Gehältern der Registratur.

2. Pensionen,
3. Unterstützungen an Beamte und deren Angehörige.

II. Löhne:

1. der Kassenboten, Portiers usw.,
2. für den Betrieb,
3. für die Laternenwärter.

III. Betriebsmaterialien:

1. Gaskohlen,
2. Reinigungsmasse,
3. verschiedene Betriebsmaterialien.

IV. Unterhaltung:

1. der Gebäude und Grundstücke,
2. der Retortenöfen,
3. der Maschinen, Apparate und Gasbehälter,
4. des Rohrsystems,
5. der öffentlichen Beleuchtung,
6. der Utensilien,
7. der Gasmesser.

V. Retorten-Unterfeuerung:
Koksverbrauch für Retortenöfen.

VI. Dampfkessel-Unterfeuerung:
Koksverbrauch für Dampfkessel.

VII. Materialien für Installationszwecke.

VIII. Allgemeine Unkosten:

1. Steuern, Versicherungen usw.,
2. Drucksachen, Schreibmaterial usw.,
3. Bureaubedürfnisse, Zeitschriften, Porti, Telegramme usw.,
4. Reise- und Fuhrkosten, Spesen usw.,
5. Beleuchtung, Heizung und Wasserzins,
6. Verschiedenes.

IX. Zinsen.

X. Tilgung.

XI. Erneuerungsfonds
für Gasmesserbeschaffung, Inventarien, Betriebsgeräte, Rohrnetzanschlüsse usw.

XII. Reingewinn
zur Ablieferung an die Stadtkasse.

Allgemeines Schema zur Gewinn- und Verlustrechnung städtischer Gaswerksunternehmen.

Debet:	Credit:
Besoldungskonto.	Gaskonto.
Pensionskonto.	Kokskonto.
Unterstützungskonto.	Teerkonto.
Kassenlöhnekonto.	Ammoniakkonto.
Betriebsarbeiter-Lohnkonto.	Ausgebrauchte Reinigungsmasse.
Laternenwärter-Lohnkonto.	Verschiedene Erzeugnisse.
Gaskohlenkonto.	Vermietete Privateinrichtungenkonto.
Reinigungsmaterialkonto.	Privateinrichtungskonto.
Verschiedenes Betriebsmaterialkonto	Zinsen.
Reparaturenkonto.	Pachte.
Öfenunterhaltungskonto.	
Maschinenunterhaltungskonto.	
Rohrnetzkonto.	
Öffentliches Beleuchtungskonto.	
Utensilienunterhaltungskonto.	
Gasmesserunterhaltungskonto.	
Retortenfeuerungskonto.	
Dampfkesselfeuerungskonto.	
Privateinrichtungskonto.	
Unkostenkonto.	
Zinsenkonto.	
Tilgungskonto.	
Erneuerungsfondskonto.	
Gewinn- und Verlustkonto.	

Diese Grundformen der Etatsaufstellung sowie der Gewinn- und Verlustrechnung haben zwar bei den meisten Unternehmen mancherlei Ergänzungen und Änderungen erfahren, um sie den neuen wirtschaftlichen Verhältnissen anzupassen; die auf solche Weise gewonnenen Aufschlüsse haben sich jedoch für die finanzielle Überwachung der heutigen Gaswerksunternehmen mit den hochentwickelten Wirtschaftsformen längst als unzulänglich ergeben. Behalten kleine und mittlere Unternehmen vielleicht auch heute noch mit einem gewissen Recht diese Formen bei, so können doch größere und große Unternehmen damit nicht mehr auskommen. Das Bedürfnis nach scharfer Überwachung der umfangreichen und vielgestaltigen Betriebswirtschaft tritt bei diesen Unternehmen bereits so stark hervor, daß einzelne dieser Unternehmen besondere Abschlußformen für ihre Zwecke durchgebildet haben und daneben öfter auch noch besondere Aufstellungen verschiedener Art zur finanziellen Überwachung führen. Diese entwickelteren Formen zur finanziellen Überwachung der Gaswerksunternehmen, wie sie in einzelnen Fällen in der Praxis angewendet werden, sollen im folgenden nun zunächst besprochen werden.

1. Beispiele aus den Abschlufsformen der Buchführung:

a) der Betriebsrechnung, sowie der Gewinn- und Verlustrechnung.

Beispiel I:

Schema zur Etatsaufstellung und Betriebsrechnung.

Einnahmen.

A. Gasverkauf:
- a) Öffentliche Beleuchtung,
- b) Verkauf an Private.
  - 1. Nach Gasmesser,
  - 2. Privatlaternen.
- c) Verkauf an Gemeinden usw.
  - 1. Gemeinden,
  - 2. Wohltätige Anstalten,
  - 3. Verschiedene.
- d) Motorengas,
  - 1. gewöhnliches Motorengas,
  - 2. Reserve-Motorengas,
- e) Selbstverbrauch.

B. Ertrag der Nebenprodukte:
- a) Koksertrag,
- b) Teerertrag,
  - 1. Steinkohlenteer,
  - 2. Gasölteer,
- c) Ammoniakertrag,
- d) Zyanschlammertrag,
- e) Erlös aus alter Reinigungsmasse,
- f) Verschiedenes (Graphit, Hartpech).

C. Verschiedene Einnahmen:
- a) Mahngebüren,
- b) Gasmessermiete,
- c) Verschiedenes.

D. Angestellten- und Arbeiterhäuser:
Mieterträgnisse.

E. Installationsgeschäft.

F. Gasvorrat am Jahresschluß.

G. Betriebszinsen-Konto:
Konto-Korrentzinsen,
Anteil der Angestellten- und Arbeiterhäuser an den Kapitalzinsen.

H. Amortisationskonto:
Anteil der Angestellten und Arbeiterhäuser an der Amortisation.

Ausgaben.

A. Verwaltung:

a) Besoldungen,
b) Bureaukosten, Heizung, Beleuchtung usw.
c) Mietzins für die Verwaltungslokalitäten,
d) Krankenunterstützung und Unfallprämien,
e) Alterszulagen für Angestellte und Arbeiter,
f) Hilfskasse für Angestellte und Arbeiter,
g) Militärlöhne, Feuerwehrersatz u. dgl.,
h) Assekuranzen und Steuern,
i) Verschiedenes.

B. Werkunterhalt:

a) Unterhalt der Fabrikgebäude,
b) Apparate, Öfen, Maschinen und Speiseleitung,
c) öffentliche Laternen, ordentliche,
d) Rohrnetz, ordentliche, ·
außerordentliche (Kanalisation),
e) Werkzeuge und Geräte,
f) Gasmesser, Zu- und Steigleitungen,
g) Verschiedenes (inkl. Gleispacht).

C. Betrieb:

a) Vergasungsmaterial,

1. Steinkohlen,
2. Gaskoks für Wassergas,
3. Gasöl,
4. Verschiedenes (Gasvorrat am Jahresanfang),

b) Heizmaterial,

1. Gaskoks für Retorten,
2. Gaskoks für Kesselheizung im Pumpwerk inkl. Heizerlöhne, Zins und Amortisation,
3. Gaskoks für Bassinheizung,
4. Gaskoks für Verschiedenes.

c) Betriebsausgaben,

1. Betriebslöhne,
2. Laternenbedienung,
3. elektrischer Strom für Kraft und Beleuchtung,
4. Putz- und Schmiermaterial,
5. Beleuchtungskosten,
6. Verschiedenes (Wasserverbrauch usw.).

D. Nebenprodukte (Ankauf Reinigungsmasse, Minderwert Vorräte Hartpech, Graphit usw.).

E. Angestellten- und Arbeiterhäuser:
- I. Gebäudeunterhalt;
  - a) Wohnhäuser A,
  - b) Wohnhäuser B,
  - c) Liegenschaft A;
  - d) Assekuranz- und Häusersteuer.
- II. Zins und Amortisation.

F. Gasrabatt.

G. Betriebszinsen-Konto:
Zinsen auf dem Anlagekapital.

H. Amortisation des Anlagekapitals:
Übertrag auf Amortisationskonto,
Übertrag auf Reservekonto,
Abschreibungen auf Gasmessern, Zu- und Steigleitungen,
Abschreibungen auf Rohrnetz-Erweiterungsbauten,
Abschreibung auf Werkzeug, Geräte und Mobilien, Verluste an Debitoren.

J. Beitrag an die Gemeindekasse.

Beispiel II:

Schema zur Etatsaufstellung und Betriebsrechnung.

Einnahmen.

I. Gasverbrauch:
1. Private und öffentliche Gebäude,
2. Straßenbeleuchtung,
3. Selbstverbrauch.

II. Nebenerzeugnisse:
1. Koks einschließlich Selbstverbrauch,
2. Lösche,
3. Teer,
4. Ammoniak,
5. Zyan,
6. Graphit,
7. Sonstige Nebenerzeugnisse.

III. Unterhalt der Fabriken:
Erlös für Alteisen usw.

IV. Magazin und Werkstätte für Rohrlegung und Installation:
1. Arbeiten am Rohrnetz für fremde Rechnung,
2. Arbeiten für die Straßenbeleuchtung,
3. Arbeiten für Hausanschlüsse und Installationen auf fremde Rechnung,
4. Arbeiten für Unterhalt und Auswechslungen am Rohrnetz auf eigene Rechnung,
5. Arbeiten für Unterhalt der Automateneinrichtungen (ausschließlich Automaten) und der Mietapparate usw.
6. Erlös für Alteisen usw.

V. Magazin und Werkstätte für Gasmesser:

1. Abgabe und Ausbesserung der Gasmesser auf fremde Rechnung,
2. Ausbesserung und Ersatz von Miet- und Automatengasmessern auf eigene Rechnung,
3. Erlös für Alteisen usw.

VI. Einnahmen an Gebühren:

1. Mieteinnahmen für Koch- und Heizapparate,
2. Mieteinnahmen für Gasmesser,
3. Einnahmen aus Gasverbrauchsgarantie,
4. Gebühren der Inspektion für Gasleitungen,
   a) Gebühren für Gasleitungsbeschau,
   b) Kostenersatz für feuerpolizeiliche Prüfungen.

VII. Sonstige Einnahmen:

1. Mieteinnahmen aus Dienstwohnungen,
2. Einnahmen für abgegebene Kaffee- und Teegetränke an die Arbeiter,
3. Zufällige Einnahmen,
4. Frachtgebühren.

VIII. Kreditzinsen von der Stadthauptkasse für die an dieselbe abgelieferten Betriebsüberschüsse.

IX. Erneuerungsfonds.

Ausgaben.

A. Auf den Betrieb.

I. Verwaltung:

1. Persönliche Ausgaben:
   a) Gehälter und Tagegelder,
      α) Gehälter des statusmäßigen Personals,
      β) Löhne und Tagegelder für Aushilfspersonal;
   b) Arbeiterversicherung,
      α) Betriebskrankenkasse,
      β) Unfallversicherung,
      γ) Invalidenversicherung;
   c) Zuschuß zur Pensionsanstalt,
   d) Unterstützungen an Bedienstete und Arbeiter,
      α) nach dem Statut,
      β) zur Verfügung der Direktion;
   e) Vergütung an die Stadthauptkasse für den Kassendienst;
2. Sächliche Ausgaben:
   a) Versicherungen gegen Feuers- und Explosionsschaden,
   b) Haftpflichtversicherung,
   c) Steuern und Abgaben,
   d) Gemeindeumlagen,
   e) Vergütung an das Rangier- und Wärterpersonal der Güterbahnhöfe, Post- und Telegraphenpersonal,

f) allgemeine Verwaltungskosten: Schreibaufwandsvergütungen, Schreib- und Zeichenmittel, Drucksachen, Buchbinderarbeiten, Bekanntmachungen, Einrichtungs- und Bekleidungsgegenstände, Fabrikapotheke, Postgelder,
g) Vereinsbeiträge, Bücher, Zeitschriften, Zeitungen,
h) Dienstfuhrwerk, Abordnungen zu den Jahresversammlungen,
i) Straßenbahndienstfahrtausweise,
k) Reinigung der Amtsräume, Wäsche usw.,
l) Fernsprecheinrichtungen und Gebühren,
m) Versuche zur Erprobung von Neuerungen,
n) Unterhalt der stationären Gasdruckmeßvorrichtungen und zeitweise Druckmessungen am Rohrnetz,
o) Abgabe von Kaffee- und Teegetränken an die Arbeiter,
p) Sonstiges (Arbeiterunterricht).

II. Betrieb der Fabriken:

1. Vergasungsstoffe:
   a) Kohlen,
   b) Benzol;
2. Heizstoffe.
3. Gasreinigungsstoffe.
4. Betriebsgeräte:
   a) gewöhnlicher Bedarf,
   b) außergewöhnlicher Bedarf;
5. Betriebsarbeitslöhne:
   a) Ofenhäuser,
   b) Maschinen, Kessel usw.,
   c) Reinigung,
   d) Allgemeines;
6. Betriebskosten für die Nebenerzeugnisse:
   a) Koks,
   b) Lösche,
   c) Teer,
   d) Ammoniak,
   e) Zyan,
   f) Graphit;
7. Unkosten für Laboratorium und laufende Untersuchungen.
8. Selbstverbrauch an Gas (ausschließlich Straßenbeleuchtungsabteilung).
9. Bezug elektrischer Energie.

III. Unterhalt der Fabriken:

1. Gebäude:
   a) Gaswerk I,
   b) Gaswerk II,
   c) Gaswerk III;

2. Straßen:
   a) Gaswerk I,
   b) Gaswerk II,
   c) Gaswerk III;
3. Gleise:
   a) Gaswerk I,
   b) Gaswerk III;
4. Gaserzeugungsöfen:
   a) Gaswerk I,
   b) Gaswerk II,
   c) Gaswerk III;
5. Apparate, Dampfkessel, Maschinen, Instrumente, Geräte u. Werkzeuge:
   a) Gaswerk I,
   b) Gaswerk II,
   c) Gaswerk III;
6. Altmaterial, für Lagern, Verladen usw.

IV. Unterhalt des Rohrnetzes der Installationseinrichtungen und Mietapparate:
1. Wach- und Sicherheitsdienst.
2. Ausbesserungen, Umlegungen und Auswechslungen am Rohrnetz.
3. Unterhalt der Automateneinrichtungen (ausschließlich Automaten) und der Mietapparate.
4. Bedienung der Wassertöpfe und Kontrolle der im geräuschlosen Pflaster liegenden Rohrleitungen.

V. Magazin und Werkstätte für Rohrlegung:
Arbeitslöhne, Installation und Ausgaben für Materialien, Werkzeuge, Geräte, Gasverbrauch usw.

Va. Unterhalt der Gasmesser:
1. Nachfüllen der Gasmesser mit frostfreier Flüssigkeit,
2. Zeitweise Prüfung der Gasmesser,
3. Ausbesserung und Ersatz an Miet- und Automatengasmessern.

VI. Magazin und Werkstätte für Gasmesser:
Arbeitslöhne, Ausgaben für Materialien, Werkzeuge, Geräte, Unkosten für die Werkstätte, Eichgebühren usw.

VII. Sonstige Ausgaben:
Mietausgaben für Diensträume.

VIII. Debetzinsen an die Stadthauptkassa für die von derselben bestrittenen Betriebszuschüsse.

IX. Debetzinsen an die Stadthauptkassa für die Vorschüsse zur Anschaffung von Vorräten.

X. Verzinsung und Tilgung der Anlagekosten (Anlehen):
1. Für Fabrikanlagen, Rohrnetz und Gasmesser:
   a) Verzinsung,
   b) Tilgung,
   c) Abschreibung;

2. Für Gaseinrichtungen zur Hebung des Gasverbrauches:
   a) Verzinsung,
   b) Rückzahlung des Anlehensvorschusses;
3. Für das Gaswerk III:
   a) Verzinsung,
   b) Tilgung.

XI. Frachtgebühren.

XII. Rabatte.

B. Ausgaben und Anlehen.

a) Definitive:
   I. Erweiterung der Fabrik II,
   II. Mietgasmesser,
   III. Rohrausdehnung,
   IV. Erbauung der Fabrik III;

b) Vorschußweise:
   Für Gaseinrichtungen zur Hebung des Gasverbrauches.

C. Erneuerungsfonds.

Beispiel IIIa:

Schema zur Etatsaufstellung und Betriebsrechnung.

A. Einnahmen.

I. Aus dem Gase:
1. Vergütung für Lieferung von Leuchtgas für die öffentliche Beleuchtung
2. Privatverbrauch
   a) zu Beleuchtungszwecken,
   b) zu gewerblichen Koch- und Heizzwecken,
   c) zu ermäßigten Preisen
      1. getrennt für eine Anzahl Gemeinden,
      2. Privatgasverbrauch,
      3. Theater, Markthalle, Kirchen, gemeinnützige Anstalten,
      4. Selbstverbrauch der Gasanstalten.
3. Städtische Gebäude.

II. Aus den Nebenerzeugnissen:
1. Koks,
2. Teer,
3. Erlös der Ammoniakfabriken,
4. Graphit,
5. Asche und Schlacke,
6. Ausgenutzte Reinigungsmasse.

III. Sonstige Einnahmen:

1. Überschuß bei Privatgaseinrichtungsarbeiten,
2. Untersuchungsgebühren bei Privatgaseinrichtungen,
3. Magazinüberschüsse,
4. Verschiedene Zinserträgnisse,
5. Erstattungen der zu den Gehalten der werktätigen Beamten für das Rohrnetz erforderlichen Beträge aus den Verwilligungen für Rohrlegungen u. dgl.,
6. Miete für Wohnung in der Gasanstalt I, Pachtzins für Platzflächen Gasanstalt I, desgl. Gasanstalt II, Pachtzins aus Flurstücken.

B. Ausgaben.

a) Betriebsmaterial.

I. Gaskohlen:

1. Sächsische Steinkohlen,
2. Oberschlesische Steinkohlen,
3. Niederschlesische Steinkohlen,
4. Westfälische Steinkohlen.

II. Unterfeuerung der Retorten.

III. Dampfkesselfeuerung.

IV. Reinigungsmaterial für den Reinigerbetrieb.

V. Ausbesserungen und Ergänzungen der Öfen

1. Maurerlöhne und Schuttabfuhr,
2. Mauersteine, Kalk, Sand, Lehm usw.
3. Schamottesteine, Schamottemehl, Ton,
4. Retorten,
5. Guß- und Schmiedeeisen, einschl. Arbeitslöhne,
6. Verschiedene Arbeiten und Baustoffe.

VI. Ausbesserungen und Ergänzungen der Apparate und Einrichtungen

1. im Kühlerhause,
2. im Skrubberhause einschl. der Pumpen und Pumpenleitungen,
3. im Exhaustorhause,
4. im Reiniger- und Regenerierhause,
5. im Dampfkesselhause,
6. im Reglerhause,
7. in den Gasbehältergebäuden,
8. allgemeine Betriebsapparate und Zentesimalwagen,
9. im Werkstatthause,
10. Gasversorgungsleitung,
11. Wasserversorgungsleitung,
12. elektrische Beleuchtung,
13. Heizanlage,
14. Koksbrechmaschine mit Drahtseilbahnanlage,

15. Kraftwerk,
16. Kohlen-Aufbereitungs- und Transportanlage,
17. Koks-Aufbereitungs- und Transportanlage,
18. Lade-, Zieh- und Stoßmaschine.

VII. Ausbesserungen und Ergänzungen der Zweiggleisanlagen der Drehscheiben, der Krane, der Rangierlokomotiven usw. einschl. Grundstückspacht.

VIII. Ausbesserungen und Ergänzungen der Betriebsgeräte
1. Zimmerarbeiten, Holz und sonstige Baustoffe, Teerfässer, einschl. der Löhne,
2. Schlosser-, Schmiedearbeiten u. dgl. nebst Material.

IX. Ausbesserungen und Ergänzungen der Gebäude:
1. Retortenhaus und Anbauten (Arbeiterhausanbau),
2. Kohlenschuppen,
3. Kühlerhaus,
4. Skrubberhaus,
5. Teer- und Gaswasserhaus,
6. Exhaustorenhaus,
7. Reinigerhaus,
8. Regenerierhaus,
9. Dampfkesselhaus,
10. Werkstatthaus,
11. Reglerhaus,
12. Gasbehältergebäude,
13. allgemeine Betriebsgebäude, Wagehäuschen, Pförtnerhäuschen, Kraftzentrale,
14. Verwaltungsgebäude.

X. Grundstückskosten:
1. Wege und Plätze in den Anstalten nebst Einfriedigung,
2. besondere Wasserkosten,
3. Flurentschädigung u. dgl.

XI. Betriebsunkosten:
1. Heizung (Holz und Koks für die Diensträume, Dienstwohnungen Pförtnerhäuschen, Schmiedefeuer usw. einschl. der Löhne,
2. Gas für die Anstaltsräume, Diensträume und Wohnungen,
3. Gas für die Gasmotoren des Kraftwerkes,
4. Strom vom städtischen Elektrizitätswerk,
5. Wasser, Wassermesser und Filter,
6. Schmierstoffe, Scheuertuch, Putzlappen mit Zubehör, Besen und Verschiedenes (Seile, Fahrbänder, Bindfaden usw.),
7. Grundsteuer, Brandkasse, Feuerversicherung u. dgl.
8. Kanzleibedürfnisse, Geschäftsbücher, Fernsprecher, Porti, Zeitungen, Zeitschriften usw.

XII. Gehalte einschließlich Bekleidungsgelder für Pförtner laut Liste.

XIII. Betriebslöhne:

1. Kohlenausladen,
2. Kohlenfördern,
3. Vergasen,
4. Öfen graphitieren,
5. Kühler und Skrubberbetrieb,
6. Reinigerbetrieb,
7. Dampfmaschinen- und Dampfkesselbetrieb,
8. Betrieb und Wartung der Kraftanlage,
9. Betrieb der Werkstätten, Wartung der Heiz-, Gas- und Wassereinrichtungen,
10. Löhne für Reinigung und Bewachung der Grundstücke,
11. Löhne für Reinhaltung der Betriebsgebäude und Apparate,
12. Löhne für den Dienst im Verwaltungsgebäude.

XIV. Vertriebslöhne für Koks, Teer und Ammoniakwasser.

XV. Wohlfahrtseinrichtungen für Beamte und Arbeiter:

1. Bekleidung für Meister, Poliere, Aufseher, Handwerker und Arbeiter des Betriebes, Handlappen usw.
2. Krankenversicherungsbeiträge,
3. Unfallversicherungsbeiträge,
4. Invalidenversicherungsbeiträge,
5. Beiträge zum Arbeiterfürsorgefonds,
6. Desinfektion, Grubenräumung, Verbandzeug, ärztliche Untersuchungen usw.
7. Unterhaltung der Bäder und Kantinen und Sonstiges.

XVI. Gemeinschaftliche Ausgaben der Gasanstaltsverwaltung, des Beleuchtings-, Rechnungs- und Kassenwesens usw.

a) persönliche:

(I.) Beamtengehalte:

1. Gehalte für die Direktion,
2. Gehalte für Rohrnetzinspektion,
3. Gehalte für Rohrnetztechniker usw.,
4. Gehalte für Kontrollbeamten für die Privatbeleuchtung,
5. Gehalte für die Rechnungs- und Kassenverwaltung,
6. Pauschsumme als Beitrag zu den Gehalten der Diener und Boten.

(II.) Kanzlei- und technische Hilfsarbeit:

1. Schreib- und Zeichenhilfe und sonstige Hilfsarbeit bei der Direktion,
2. Schreib- und Zeichenhilfe und sonstige Hilfsarbeit bei der Inspektion für Rohrnetz- und Beleuchtungswesen,
3. Löhne für Unterhaltung des Rohrnetzes einschließlich der Bedienung der Wasser- und Absperrtöpfe,
4. Löhne bei Untersuchungen von Privatleitungen, Nachtwache, Druckkontrolle,
5. Löhne für Hilfsarbeiter, außerordentliche Schreibhilfe und Aufwärterlöhne bei der Rechnungs- und Kassenverwaltung.

(III.) Wohlfahrtseinrichtungen für Beamte und Arbeiter:

1. Bekleidung für Beamte, Meister, Poliere, Rohrleger, Handwerker, Arbeiter usw., ärztliche Untersuchungen, Verbandzeug usw.,
2. Kranken-, Invaliden- und Unfallversicherungsbeiträge,
3. Beiträge zum Arbeiterfürsorgefonds.

b) sachliche:

(I.) Kanzleibedürfnisse für die Gasanstaltsverwaltung, Drucksachen, Bücher, Postgelder, Fuhrkosten, Zeichenmaterial, technische Schriften, Einrückungsgebühren, Ausstattung der Geschäftsräume u. dgl.

(II.) Kanzleibedürfnisse für das Rohrnetz- und Beleuchtungswesen, Drucksachen, Schreib- und Zeichenmaterial, Bücher, Postgelder, Fuhrkosten, Erfordernisse für die Kontrolleure, Ausstattungen der Geschäftsräume usw.

(III.) Unterhaltung des Rohrnetzes einschließlich der Wasser- und Absperrtöpfe, sowie kleine Erweiterungen.

(IV.) Materialien usw. bei Untersuchungen von Privatleitungen für Nachtwache, Druckkontrolle usw.

(V.) Kanzleibedürfnisse für Rechnungs- und Kassenwesen, Drucksachen, Bücher, Postgelder, Ergänzung und Instandhaltung der Ausstattung der Diensträume u. dgl.

(VI.) Unterhaltungskosten der Diensträume vorgenannter Verwaltungsabteilungen:

1. Heizung, Beleuchtung, Reinigung und Unterhaltung,
2. Miete,
3. Beiträge zu Fernsprecheinrichtungen,
4. Feuerversicherung.

(VII.) Nachlaß auf Gasverbrauchsrechnungen.

XVII. Verschiedenes:

1. Einkommensteuer,
2. Handelskammerbeiträge,
3. Aufwand des gemischten Gasausschusses,
4. Mitgliedsbeiträge zu Fachmännervereinen, Reisekosten zu deren Hauptversammlungen, sowie Beitrag zum Fördern des Vereins von Gas- und Wasserfachmännern u. dgl.,
5. Berechnungsgeld für chemische Untersuchungen, photometrische Messungen und Unterhaltung der chemischen und physikalischen Apparate u. dgl.,
6. Zuschuß zu den Kosten der Ausstellung,
7. Verfügungssumme für Unterstützungen und Vergütungen besonderer Dienstleistungen, Reisen, Gutachten usw.,
8. Beitrag an die Stadtkasse zum allgemeinen Verwaltungsaufwand,
9. Pensionen und Unterstützungen.

XVIII. Abschreibungen:
1. auf Anlagenwerte aus Anleihe,
2. auf Anlagenwerte aus Stammvermögen,
3. auf Hochbauten, Apparate und Maschinen, Rohrnetz,
4. auf Erweiterungsbauanlagen in Gasanstalt I und II sowie Rohrnetzanlagen,
5. auf im Etatsjahr fertig werdenden Neuanlagen.

XIX. Anteil zur Straßenunterhaltung.

Beispiel IIIb:

Schema zur Sonderaufstellung des Etats und der Betriebsrechnung für die Ammoniakfabrik.

Einnahmen.

Für Sulfat.

Ausgaben.

1. Schwefelsäure,
2. Kalk,
3. Brennstoff,
4. Löhne,
5. Säcke,
6. Betriebskosten,
7. Ausbesserungen und Ergänzungen der Gebäude,
8. Ausbesserungen und Ergänzungen der Apparate,
9. Pension an die Hinterbliebenen von Arbeitern der Ammoniakfabrik,
10. Reingewinn, Erlös der Ammoniakfabrik.

Beispiel IVa:

Schema zur Etatsaufstellung und Betriebsrechnung.

Einnahmen.

A. Aus dem Betriebe.

I. Aus der Gasfabrikation:
a) Gas
1. Straßenbeleuchtung,
2. Städtische Gebäude,
3. Privatabnehmer,
4. für technische Zwecke,
5. für Gasselbstmesser,
6. für Verkehrsanstalten und Militärgebäude,
7. für Selbstverbrauch,
8. für unentgeltliche Abgabe,

b) Ersatz für Petroleumbeleuchtung von der Stadthauptkasse.

II. Gewonnene Erzeugnisse:

1. Koks
   - a) Selbstverbrauch des Werkes
     1. für Generatorheizung,
     2. zur Erzeugung von Wassergas,
     3. Feinkoks,
   - b) Lieferung an gemeindliche Anstalten,
   - c) verkäuflich
     1. großstückig,
     2. gebrochen,
     3. Grieskoks,
     4. Feinkoks,
   - d) Koks für Rohrleitungen, Arbeiten im Werk und Sonstiges,
   - e) Fuhrlohn und Korbgeld.
2. Teer
   - a) Erlös aus Teer,
   - b) Ersatz für Frachten,
   - c) Erlös aus Teerpech.
3. Ammoniak
   Erlös aus Ammoniak,
4. Ausgebrauchte Reinigungsmasse: Erlös,
5. Anthrazenöl,
6. Kohlenstaub,
7. Retortengraphit.

III. Aus Gaseinrichtungen und Straßenrohrleitungen:

1. aus Arbeiten für Private,
2. aus Straßenrohrleitungen, neue Laternen,
3. aus Gasselbstmesseranlagen und Material für Laternenreparaturen.

IV. Ersätze und Rückzahlungen:

1. aus Koks, Kalk usw. für die Ammoniakfabrik,
2. aus verkauften und vermieteten Gaskochapparaten:
   - a) Mieten,
   - b) verkauft,
   - c) von Gasselbstmesseranlagen für dazu abgegebene Kochapparate,
3. aus verkauften Gasuhren und Ersatz von Löhnen für Aufstellung von Gasuhren,
4. Miete, Beleuchtung und Beheizung des Gasuhren-Eichraumes,
5. aus verwerteten Geräten:
   - a) Erlös für Verkauftes,
   - b) Abgabe von Geräten an andere Abteilungen,
6. Erlös von Materialien für Laternenunterhaltung:
   - a) Glühkörper und anderes an Private,
   - b) Materialien für Beleuchtungsanlagen,

7. Ersatz für Material und Arbeitslöhne für die Unterhaltung des Werkes:
    a) verschiedene Vergütungen durch andere Abteilungen,
    b) dergleichen für Straßenrohrleitungen, Gaskochapparate und Sonstiges,
8. Ersatz an Baumaterialien:
    a) verschiedene Vergütungen von Privaten,
    b) bei Arbeiten an Straßenrohrleitungen, Gasselbstmessern,
9. Ersatz von Geschäftsunkosten:
    a) Feuerversicherungsdividende,
    b) sonstige Vergütungen,
10. für Dienstwohnungen,
11. Einnahme für Kohlen:
    a) verfeuert für den Betrieb,
    b) verkauft,
12. Beiträge der Arbeiter zur Invaliden- und Krankenversicherung,
13. Ersatz durch die Arbeiter des Werkes für an dieselben abgegebene Speisen und Getränke,
14. Vergütung für verzinsliches Hauptrohr.

V. Zuschuß aus dem Erneuerungsfonds, welcher zur teilweisen Deckung von Neuanlagen verwendet werden soll:
1. Gaskochapparate,
2. Gasselbstmesser.

Ausgaben.

I. Gas:
a) Verwaltung;
   Gehalte für Beamte und Angestellte,
b) Materialien:
   1. Kohlen
      a) Saarkohlen,
      b) Ersatzkohlen,
      c) Frachtsteuer,
   2. Fuhrlohn zum Gaswerk,
   3. Löhne für die Bedienung der Kohlenförderanlage,
c) Heizmaterial für die Unterfeuerung:
   1. Koks für die Gasöfen und den Betrieb,
   2. Koks für die Wassergasgeneratoren,
   3. Feinkoks für den Betrieb,
   4. Kohlen für den Betrieb,
d) Löhne für die Gaserzeugung und anderes:
   1. Löhne für die Feuerhausarbeiter,
   2. Gehalte für Gasmeister,
   3. Rückvergütung für zu viel berechnetes Gas,
   4. Vergütung an die Einkassierer für allenfallsige Verluste,

e) auf Gasreinigung:
1. Ankauf von Reinigungsmasse,
2. Löhne für die Gasreinigung,
3. Gehalt für die Gasreinigung,
4. Anthrazenöl,

f) auf Gasöfenunterhaltung,
1. Material, Retorten, Steine,
2. Löhne,

g) Auslagen für Petroleumbeleuchtung.

II. Gewonnene Erzeugnisse:

a) Koksgewinnung:
1. Löhne für die Koksarbeiter,
2. Fuhrlöhne,
3. Körbe und Weiden,
4. Verschiedenes: Koksabgabekarten, Druck- und Buchbinderlöhne,
5. Gehalte für die Koksverkaufsstelle im Rathaus und ein Wagmeister,

b) Teergewinnung
Frachten usw.,

c) Ammoniakfabrikation:
1. Schwefelsäure,
2. Löhne,
3. Feuerungsmaterial und anderes.

III. Gaseinrichtungen, Straßenrohrleitungen usw.:
1. Gehalte,
2. Löhne,
3. Materialien.

IV. Unterhaltung und allgemeine Unkosten des Werkes:

a) Baureparaturen:
1. Material,
2. Löhne,

b) Geschäftsunkosten:
1. Schreibmaterialien,
2. Beheizung und Beleuchtung,
3. Reinigung,
4. Briefporto,
5. Löhne,
6. Gratifikation für Postboten usw.,
7. a) Gewerbesteuer und Kreisumlage,
b) Gemeindeumlage,
c) Haus- und Grundsteuer, Kreis- und Gemeindeumlage,
d) Brandversicherungsbeiträge,
e) Mobiliarversicherung,

8. Beitrag an den Wohltätigkeitsverein des Gaswerkes,
9. Vergütung an den Gas- und Wasserfachmännerverein für wissenschaftliche Bestrebungen,
10. Straßenreinigung,
11. Verschiedenes,
12. Speisen- und Getränkeabgabe, Gas für die Kantine usw.

c) allgemeine Unkosten zur Unterhaltung des Werkes.

1. Nutzholz,
2. Gas- und Koksverbrauch im Werk, Motoren,
3. Material von anderen Abteilungen,
4. Ölfarben, Öle, Talg, Sprit,
5. Hanf, Putzwolle, Schmiedekohle,
6. Maschinenreparaturen,
7. Pflasterer- und Tüncherarbeiten,
8. Wasserverbrauch,
9. Elektrischer Stromverbrauch,
10. Löhne,
11. Verschiedenes,
12. für Versuche,

d) Versicherung der Arbeiter:

1. Beitrag zur Berufsgenossenschaft,
2. Beitrag zur Haftpflichtversicherung,
3. Beitrag zur Gemeindekrankenkasse,
4. Beitrag zur Invalidenversicherung,
5. Beitrag zur Invalidenversicherung für Mitglieder der Versorgungskasse,
6. Unterhaltung, Steuer,
7. für fachmännische Aufsicht der Sanitätswache im Werk,
8. Zahlung an Arbeiter bei längerer Krankheitsdauer nach § 5 des Unfallversicherungsgesetzes,

e) Ankauf von Mobilien

Verschiedene Anschaffungen,

f) Gasuhrenausbesserungen:

1. Löhne für die Gasuhrenwärter und für Ausbesserungen,
2. Anschaffung von Uhrenteilen, Eich- und Prüfungsgebühren, Mieten usw.,
3. Gehalt an den Oberaufseher, den Aufseher usw.,

g) Gas-, Koch- und Heizapparatausbesserungen:

1. Materialien,
2. Löhne,
3. Gehalte,

h) Ankauf von Werkzeugen und Geräten.

V. Unterhaltung der öffentlichen Beleuchtung:

1. Gehalt des Oberaufsehers,
2. Gehalt für 2 Aufseher und 1 Schreiber,

3. Löhne für die Anzünder,
4. Löhne für Putzer,
5. Löhne für Ausbesserungen,
6. Laternenhahnen, Messingteile usw.,
7. Laternengläser,
8. Glühkörper,
9. Zylinder,
10. Putztücher,
11. Mieten für Laternenwärterräume, Reinigung und Tünchen derselben,
12. Beleuchtung und Beheizung derselben,
13. Verschiedenes,
14. Anstrich von Laternen:

VI. Besonderes:
Vergütung an die Bahn für Geleisebenutzung.

VII. Unvorhergesehenes:
Minderwert der Warenvorräte.

B. Zinsen, Tilgung, Zuweisungen.

a) Zinsen und Tilgung
5% der Ausgaben,

b) Zuweisungen für den Erneuerungs- und Erweiterungsfonds:
1. Grunderwerb,
2. Gebäude,
3. Maschinen,
4. Apparate,
5. Öfen,
6. Bahngeleise,
7. Rohrnetz,
8. Laternen,
9. Gasuhren,
10. Gasbehälter,
11. Mobiliar.

C. Neuanlagen.

a) Aus dem Betriebsüberschuß und Erneuerungsfonds sollen für das Etatsjahr bestritten werden:
1. Gaskochapparate,
2. Gasselbstmesseranlagen,
3. für Erneuerung der Ofenanlage,

b) aus Anlehen:
1. Rohrnetz,
2. Laternen,
3. Gasuhren,
4. aus früherem Betriebsüberschuß.

Beispiel IVb:

Schema zur Gewinn- und Verlustrechnung nach der doppelten Buchführung.

Einnahmen.	Ausgaben.
Ammoniakkonto.	
Verkauftes Ammoniak.	Schwefelsäure, Löhne u. a.
Bau- und Reparaturenkonto.	
Verwendetes Material zu anderen Arbeiten des Gaswerkes.	Löhne, Kalk, Zement, Klinker, Maurerarbeit u. a.
Kokskonto.	
Verkaufter Koks, Fuhrlöhne, Koks für Unterfeuerung, Wassergas und eigenen Gebrauch.	Löhne, Fuhrlöhne, Körbe, Drucksachen.
Gaseinrichtungskonto.	
Zuleitungen für Private, Material zu Hauptrohrleitungen, neue Laternen u. a.	Löhne, Gehalte, Rohre, Kandelaber, Verbindungsteile u. a.
Gaskonto.	
Erlös für Gas, Gas zu eigenem Gebrauch u. a.	Verfeuerter Koks, Kohlen, Rückzahlungen.
Gasfabrikationskonto.	
	Löhne an die Feuerhausarbeiter.
Gas-Koch- und Heizapparatekonto.	
Verkaufte Apparate und Abzahlungen (Mietbeträge).	Neuanschaffungen, Löhne, Reparaturen u. a.
Gasöfen-Unterhaltungskonto.	
Erlös für Retortengraphit, Material zu Neuanlagen u. a.	Anschaffung von Retorten, feuerfestes Material, Löhne.
Münzgasmesserkonto.	
	Neuanschaffungen.
Gasuhrenkonto.	
Für Aufstellung von Gasuhren, Entwertung.	Löhne für Uhrenwärter, Neuanschaffungen u. a.

Einnahmen.	Ausgaben.
Gehalte.	
	Gehalte und Nebenbezüge.
Gerätekonto.	
Verkauftes und Material für andere Konti.	Ankauf von Geräten, Eisen u. a.
Interessen- und Mietekonto.	
Wertanschlag von Dienstwohnungen, Zahlung für Wohnungen versch. Beamter.	Zinsen an die Stadt.
Kohlenkonto.	
Verfeuerte Kohlen u. a.	Kohlen und Löhne.
Laternen-Unterhaltungskonto.	
Verkauftes und Material zu neuen Laternen.	Löhne für Laternenwärter, Laternen, Gläser, Glühkörper, Lokalmieten u. a.
Mobiliarkonto.	
Entwertung.	Anschaffungen.
Teerkonto.	
Verkaufter Teer.	Frachten.
Unfallkonto.	
Beiträge der Arbeiter zur Gemeindekrankenkasse und zur Altersversorgung.	Beiträge des Gaswerks zur Arbeiterversicherung.
Unkostenkonto.	
Vergütungen der Kantine.	Steuern, Schreibmaterialien, Porto, Feuerversicherung, Kantine.
Unterhaltungskonto.	
Vergütung durch andere Konti.	Löhne, Nutzholz, Koks, Wasser, Maschinenausbesserungen usw. Abschreibungen an Gebäuden, Apparaten, Öfen usw.
Mehrwert der Warenvorräte gegen das Vorjahr.	Überschuß.

Beispiel Va:

Schema zur Etatsaufstellung und Betriebsrechnung.

Einnahmen.

I. Absatz des Gases:
1. a) Privatgasverbrauch,
   b) Verbrauch in städtischen Gebäuden,
2. Gasverbrauch für die öffentliche Beleuchtung,
3. Gasverbrauch für Privatlaternen,
4. Selbstverbrauch in den Gasanstalten,
5. Gasverlust.

II. Gasmesser und Gaskochapparate:
1. Miete für Gasmesser,
2. Miete für Gaskochapparate,
3. Erstattungen auf Instandsetzungskosten für Gasmesser,
4. Erstattungen auf Instandsetzungskosten für Gaskochapparate.

III. Koks:
1. Koks zur Generatorenfeuerung,
2. Koks und Koksasche zur Dampfkesselfeuerung,
3. Koks zum Heizen der Diensträume,
4. Koks zum Betriebe der Wassergasanlage,
5. Koks zum Betriebe der Ammoniakfabrik,
6. Koks zu den Revierarbeiten,
7. Koks zu Versuchen usw.,
8. Verkaufserlös für Koks, Breeze und Koksasche,

IV. Teer:
1. Verkaufserlös.

V. Ammoniakwasser:
1. Verkaufserlös für aus den Gasanstalten entnommenes Ammoniakwasser.

VI. Graphit:
1. Verkaufserlös.

VII. Schlacken:
1. Verkaufserlös.

VIII. Reinigungsmasse:
1. Gewinn beim Abrechnungskonto für Reinigungsmasse.

IX. Straßenbeleuchtung:
1. Privatlaternen,
2. Erstattungen auf Instandsetzungskosten für Laternen, umgefahrene Laternen usw.

X. Unterhaltungskosten:
1. Erstattungen auf Straßenrohrunterhaltungskosten.

XI. Verwaltung des Magazins und Unkosten der Privatgasabnahme:
1. Überschuß aus der Verwaltung des Magazins,
2. Überschuß vom Verkaufskonto für Gasheiz- und Gaskochapparate.

XII. Gaskohlen.

XIII. Feuerungs- und Heizungsunkosten.

XIV. Beleuchtung der Gasanstalt.

XV. Betriebsarbeiterlöhne.

XVI. Allgemeine Betriebsunkosten:
1. Erlös aus altem Material,
2. Insgemein.

XVII. Verwaltungs- und Generalunkosten:
1. Portokosten,
2. Gerichtskosten,
3. Anteiliger Beitrag der Wassergasanlage zu den Kosten der Steinkohlengasanstalt aus Abschnitt XX Nr. 9 der Ausgabe,
4. Erstattete Feuerversicherungsbeiträge aus Abschn. XX Nr. 5 und Abschnitt XXI Nr. 5 der Ausgabe,
5. Von der Wassergasanlage erstatteter Beitrag zu den Kosten für die Dampfkesselrevision aus Abschnitt XX Nr. 10 der Ausgabe,
6. Miete und Pacht
   a) —
   b) —
7. Verschiedenes und zur Abrundung.

XVIII. Abschreibung von dem Werte der Werke:
1. Rückerstattung der Abschreibungen von dem Werte der Gasmesser,
2. Desgleichen von dem Werte der Gaskochapparate,
3. Desgleichen von dem Werte der Ammoniakfabrik,
4. Desgleichen von dem Werte der Wassergasanlage.

XIX. Zinsen:
1. Rückerstattungen der Zinsen des Anlagekapitals für Gasmesser aus Ordin. Abschnitt II Nr. 4 der Ausgabe,
2. Desgleichen für Gaskochapparate aus Ordin. Abschnitt II Nr. 5 der Ausgabe,
3. Desgleichen für die Ammoniakfabrik aus Ordin. Abschnitt XXI Nr. 12 der Ausgabe,
4. Desgleichen für die Wassergasanlage aus Ordin. Abschnitt XX Nr. 8 der Ausgabe,
5. Rückerstattungen der Zinsen für noch nicht beendete Bauausführungen (Neubauzinsen) aus dem Extraordin. Abschnitt I a Nr. 1 der Ausgabe.

XX. Betrieb der Wassergasanlage:
1. Anteiliger Beitrag aus dem Erlös für Absatz des Gases (15% von der Einnahme für das Mischgas) von Abschnitt I Nr. 1 der Ausgabe,
2. Erlös für Teer,
3. Insgemein.

XXI. Betrieb der Ammoniakfabrik:
1. Erlös für schwefelsaures Ammoniak,
2. Erlös für konzentriertes Ammoniakwasser,
3. Erlös für Abfallprodukte.

Ausgaben.

I. Absatz des Gases:
1. Anteiliger Erlös für den Absatz des Wassergases an Abschnitt XX Nr. 1 der Einnahme,

II. Gasmesser und Gaskochapparate:
1. Unkosten bei der Installation der Gasmesser,
2. Abschreibung von dem Werte der Gasmesser an Ordin. Abschnitt XVIII Nr. 1 der Einnahme,
3. Desgleichen der Gaskochapparate an Ordin. Abschnitt XVIII Nr. 2 der Einnahme,
4. Verzinsung des Anlagekapitals für Gasmesser an Ordin. Abschnitt XIX Nr. 1 der Einnahme,
5. Desgleichen für Gaskochapparate an Ordin. Abschnitt XIX Nr. 2 der Einnahme,
6. Kosten der Instandsetzung von Gasmessern,
7. Desgleichen von Gaskochapparaten.

III. Koks.

IV. Teer.

V. Ammoniakwasser.

VI. Graphit.

VII. Schlacken.

VIII. Reinigungsmasse:
1. Verlust beim Abrechnungskonto für Reinigungsmasse zum Ausgleich an das Hilfskonto zu übertragen.

IX. Straßenbeleuchtung:
1. bis 4. Gehalte für Laternenaufseher a, b, c, d,
5. Löhne für Laternenwärter einschließlich in Krankheits- und Urlaubsfällen, Kranken- und Invalidenversicherungsbeiträge,
6. Gasverbrauch für die öffentliche Beleuchtung,
7. Gasverbrauch für Privat- und Polizeilaternen,
8. Unterhaltung der Laternen und der Beleuchtungsgegenstände,
9. Petroleum und Spiritus,
10. Gasverbrauch zum Abbrennen der Glühkörper,
11. Sonstige Ausgaben aus Anlaß der Straßenbeleuchtung,
12. Umänderung von Straßenlaternen (stehendes in hängendes Gasglühlicht.)

X. Unterhaltungskosten:
1. Unterhaltung der Gebäude
   a) laufend,
   b) Reparatur des Bassins des Gasbehälters II, einmalig,

2. Unterhaltung der Hof- und Lagerflächen,
3. Unterhaltung der Retorten und Öfen,
4. Unterhaltung der Maschinen und Apparate,
5. Unterhaltung des Betriebsgerätes und des Werkzeuges,
6. Unterhaltung des Reviergerätes und des Werkzeuges,
7. Unterhaltung der Mobilien,
8. Unterhaltung des Straßenrohres,
9. Unterhaltung der gemieteten Geschäftsräume,
10. An das Vorschußkonto I Teilbetrag zur Deckung der Kosten für die erste Einrichtung einer Preßgasbeleuchtung.

XI. Verwaltung des Magazins und Unkosten der Privatgasabnahme:

1. Arbeitslöhne für Revierwachen, für Prüfung und Ausbesserung der Privatgasleitungen, für die Beförderung der Gaskoch- und Heizapparate und der Gasmesser vom Magazin zu den Verwendungsstellen und zurück, sowie alle übrigen Arbeitslöhne, die aus Anlaß des Verkehrs der Revierinspektionen mit den Gasverbrauchern entstehen.

XII. Gaskohlen:

1. Für Kohlen zur Vergasung,
2. Arbeitslöhne für das Umlagern der Kohlen zur Verhütung einer Selbstentzündung.

XIII. Feuerungs- und Heizungsunkosten:

1. für Kohlen zur Schmiedefeuerung,
2. für Koks zur Generatorenfeuerung,
3. für Koks zur Dampfkesselfeuerung,
4. für Koks zum Heizen der Diensträume,
5. Briketts zum Heizen der Diensträume,
6. Holz zum Anfeuern.

XIV. Beleuchtung der Gasanstalt:

1. Beleuchtung der Fabrikräume,
2. Beleuchtung der Verwaltungsräume,
3. für Glühkörper und Zylinder.

XV. Betriebsarbeiterlöhne:

1. für Fabrikbetriebsarbeiter einschließlich Lohn für kranke und beurlaubte Arbeiter, sowie Kranken- und Invalidenversicherungsbeiträge,
2. für Revierbetriebsarbeiter desgleichen.

XVI. Allgemeine Betriebsunkosten:

1. Entwässerungsabgabe,
2. Verzinsung des für die Herstellung der definitiven Leitung zur Entwässerung aufgenommenen Baukapitals,
3. Wasserverbrauch,
4. Schmier- und Putzmittel,
5. Benzol,
6. Betriebshandschuhe, Drell und Scheuertuch,
7. Reinigen der Schaufenster in den Betriebsbureaus,

8. Reinigen der Revierbureau,
9. Handtuchwäsche und Näharbeiten,
10. Futterkosten für Wächterhunde,
11. Verkaufsmarken für Koks,
12. Reiserbesen,
13. Kaffee und Zichorien für die Arbeiter,
14. Gasverbrauch zum Motorenbetrieb,
15. für elektrische Kraft,
16. sonstige Betriebsunkosten und insgemein.

XVII. Verwaltungs- und Generalunkosten:

1. Beitrag zu den Kosten der allgemeinen Verwaltung,
2. Gehälter der Betriebsbeamten,
3. Besoldungen und Löhne für das Hilfspersonal
   a) Magazin I,
   b) Reviere,
4. Kosten für Hilfeleistung beim Einziehen der Gasgelder,
5. technische Hilfe,
6. Unfallversicherungsbeiträge,
7. Belohnungen und Unterstützungen,
8. Unfallversicherungsbeitrag für den Direktor,
9. dem Hauswart im Betriebs- und Magazinverwaltungsgebäude, Lohn einschließlich Kranken- und Invalidenversicherungsbeiträge und für Vorhaltung der Reinigungs- usw. Geräte,
10. Jahreslohn einschließlich Kranken- und Invalidenversicherungsbeiträge für zwei Pförtner,
11. Ruhegehalt für Betriebsbeamte, sowie Witwen- und Waisengeld und widerrufliche Unterstützungen für deren Hinterbliebene einschließlich Zuschüsse,
12. Ruhelohn und Unterstützungen für invalide Arbeiter sowie Witwen- und Waisengeld für deren Hinterbliebene einschließlich Zuschüsse,
13. Entschädigung für den Krankenbesucher der Betriebskrankenkasse,
14. bis 17. verschiedene Zahlungen an Vereine,
18. Schreibbedürfnisse u. dgl.,
19. Gerichtskosten,
20. Mieten für Revierbureaus,
21. Bekanntmachungskosten,
22. Laboratorium,
23. Gewerbesteuerzuschlag,
24. Gemeindegrundsteuer,
25. Feuerversicherungsbeitrag,
26. Abgaben, verschiedene a,
27. Abgaben, verschiedene b,
28. Abgaben, verschiedene c,
29. Beitrag für Feuermeldeanlagen,
30. dem Dampfkesselrevisionsverein, Mitgliedsbetrag,
31. Anerkennungsgebühr,
32. Verwaltungskosten der Betriebskrankenkasse,

33. Vergütung an den jeweiligen Kassenführer der Betriebskrankenkasse,
34. für innerhalb des Rechnungsjahres zu bewilligende Ruhegehälter, Ruhelöhne, Witwen- und Waisengelder,
35. Müllabfuhr,
36. Familienzulagen,
37. zur Bestreitung von Fehlgeldern,
38. Gebühr für eine besondere Leistung,
39. Verschiedenes, Versuche usw. und zur Abrundung der Ordin.

XVIII. Abschreibungen von dem Werte der Werke:

1. Abschreibungen von dem Werte des Gaswerkes

XIX. Zinsen:

1. bis 12. Verzinsung von verschiedenen Kapitalien aus Anleihen,
13. Verzinsung barer Haftgelder,
14. Verzinsung schwebender Schulden im Kontokorrentverkehr mit der Stadthauptkasse,
15. Verzinsung eines Restkaufgeldes.

XX. Betrieb der Wassergasanlage:

1. Gasöl,
2. Betriebsarbeiterlöhne einschließlich Lohn für kranke und beurlaubte Arbeiter sowie Kranken- und Invalidenversicherungsbeiträge,
3. Koksverbrauch
   a) für Generatoren,
   b) für Dampfkessel,
4. für Beleuchtung nach Abschnitt I Nr. 4 der Einnahme,
5. Feuerversicherungsbeitrag nach Abschnitt XVII Nr. 4 der Einnahme,
6. Reparaturen an Gebäuden, Maschinen, Apparaten, Betriebsgeräten und am Werkzeug,
7. Abschreibungen an Abschnitt XVIII Nr. 4 der Einnahme,
8. Verzinsung an Abschnitt XIX Nr. 4 der Einnahme,
9. Anteiliger Beitrag zu den Ausgaben für die Kohlengasanstalt, am Jahresschluß an Abschnitt XVII Nr. 00 der Einnahme abzuführen,
10. Beitrag zu den Kosten für die Revision der Dampfkessel nach Abschnitt XVII Nr. 5 der Einnahme,
11. Insgemein.

XXI. Betrieb der Ammoniakfabrik:

1. Beschaffung von rohem Gaswasser,
2. Beschaffung von Schwefelsäure,
3. Beschaffung von Kalk,
4. Koksverbrauch nach Abschnitt III Nr. 5 der Einnahme,
5. Feuerversicherungsbeitrag nach Abschnitt XVII Nr. 4 der Einnahme,
6. Beleuchtung nach Abschnitt I Nr. 4 der Einnahme,
7. Unterhaltung der Gebäude, Apparate, des Werkzeuges und der Mobilien,
8. Gehälter und Tagegelder,
9. Arbeitslöhne einschließlich Kranken- und Invalidenversicherungsbeiträge,
10. allgemeine Betriebsunkosten,

11. Abschreibungen an Abschnitt XVIII Nr. 3 der Einnahme,
12. Verzinsung an Abschnitt XIX Nr. 3 der Einnahme,
13. Entschädigung für Abführung der Abwässer,
14. Insgemein.

XXI. Reingewinn.

Beispiel Vb:

Schema zur Hilfs-Etatsaufstellung bzw. Hilfs-Etatsbuchführung.

Konto I: Kohlen.

Einnahmen.	Ausgaben.
1. Für vergaste Kohlen. 2. Für Kohlen zur Schmiedefeuerung. 3. Für Kohlen zu sonstigen Zwecken. 4. Für Kohlenbestände am Jahresschluß.	1. Für Kohlenbestände aus dem Vorjahr. 2. Für Beschaffung des Bedarfes.

Konto II: Magazin.

Einnahmen.	Ausgaben.
1. Privatzuleitungskosten. 2. Straßenrohr-Erweiterungskosten. 3. Laternen-Neuaufstellungskosten. 4. Unentgeltliche Gasmesseranschlüsse. 5. Verschiedenes. 6. Magazinbestände am Jahresschluß.	1. Für Magazinbestände aus dem Vorjahr. 2. Für Außenstände desgleichen. 3. Für Beschaffung des Magazinbedarfes. 4. Für Löhne und sonstige Leistungen. 5. Überschuß aus der Verwaltung des Magazins und der Werkstatt; am Jahresschlusse auf spezielle Anweisung an das Ordinarium Abschn. XI, Nr. 1, umzubuchen.

Konto III: Gasmesser.

Einnahmen.	Ausgaben.
1. Für neue Gasmesser zur Vermietung. 2. Für verkaufte Gasmesser.	1. Für Beschaffung des Bedarfes.

Konto IV: Gasapparate.

Einnahmen.	Ausgaben.
1. Für neue Gasapparate zur Vermietung. 2. Für verkaufte Gasapparate.	1. Für Außenstände aus dem Vorjahr. 2. Für Beschaffung des Bedarfes. 3. Für Gewinn aus dem Gasapparate-Verkaufsgeschäft; vorbehaltlich der näheren Feststellung am Jahresschluß an Ordin. Abschn. XI.

Konto V: Lieferungen und Leistungen.

Einnahmen.	Ausgaben.
1. Von den verschiedenen Etatspositionen zu erstatten.	1. Für Lieferungen und Leistungen von Unternehmern, soweit sie nicht dem Magazinkonto zur Last fallen.

Einnahmen.	Ausgaben.

Konto VI: Arbeitslöhne.

Einnahmen	Ausgaben
1. Von den verschiedenen Etatspositionen zu erstatten.	1. Zur Bestreitung sämtlicher Arbeitslöhne.
2. Aus Ordin. Abschn. IX zu erstatten.	2. Laternenwärterlöhne.

Konto VII: Gasabnehmerkonto.

Einnahmen	Ausgaben
1. Für Gas-, Gasmesser- und Gasapparatemiete.	1. Für Gasbestände aus dem Vorjahr.
2. Gasbestände am Jahresschluß.	2. Für Außenstände desgl.
	3. An Ordin. Abschn. I, Pos. I, für den Privatgasverbrauch.
	4. An Ordin. Abschn. II, Pos. 1, für Gasmessermieten.
	5. An Ordin. Abschn. III, Pos. 2, für Gasapparatemieten.

Konto VIII: Koks.

Einnahmen	Ausgaben
1. Tageserlös von Gasanstalt I.	1. Für Koksbestände aus dem Vorjahr.
2. Tageserlös von Gasanstalt II.	2. Für Außenstände desgl.
3. Monatsrechnungen von Gasanstalt I.	3. An Ordin. Abschn. III am Jahresschlusse.
4. Monatsrechnungen von Gasanstalt II.	
5. Für unentgeltlich verabfolgten Koks.	
6. Für Bestände am Jahresschluß.	

Konto IX: Teer.

Einnahmen	Ausgaben
1. Tageserlös von Gasanstalt I.	1. Für Teerbestände aus dem Vorjahr.
2. Tageserlös von Gasanstalt II.	2. Für Außenbestände desgl.
3. Monatsrechnungen von Gasanstalt I.	3. An Ordin. Abschn. II am Jahresschlusse für Steinkohlenteer.
4. Monatsrechnungen von Gasanstalt II.	4. An Ordin. Abschn. XX am Jahresschlusse für Wassergasteer.
5. Für Bestände am Jahresschlusse.	

Konto X: Ammoniakwasser.

Einnahmen	Ausgaben
1. Monatsrechnungen von Gasanstalt I.	1. Für Bestände aus dem Vorjahre.
2. Monatsrechnungen von Gasanstalt II.	2. Für Außenstände desgl.
3. Für Bestände am Jahresschlusse.	3. An Ordin. Abschn. I am Jahresschlusse.

Konto XI: Graphit.

Einnahmen	Ausgaben
1. Monatsrechnungen von Gasanstalt I.	1. Für Bestände aus dem Vorjahre.
2. Monatsrechnungen von Gasanstalt II.	2. Für Außenstände desgl.
3. Für Bestände am Jahresschlusse.	3. An Ordin. Abschn. VI am Jahresschlusse.

Einnahmen.	**Ausgaben.**

Konto XII: Schlacken und Schlackenasche.

Einnahmen	Ausgaben
1. Einnahmen für Gasanstalt I.	1. Für Bestände aus dem Vorjahre.
2. Einnahmen für Gasanstalt II.	2. Für Außenstände desgl.
3. Für Bestände am Jahresschlusse.	3. An Ordin. Abschn. VII am Jahresschlusse.

Konto XIII: Reinigungsmasse.

Einnahmen	Ausgaben
1. Verkaufserlös für alte Reinigungsmasse.	1. Für Bestände aus dem Vorjahre.
2. Von Ordin. für Neuanschaffungen.	2. Für Beschaffung des Bedarfes.
3. Bestand am Jahresschlusse.	3. An Ordin. Abschn. VIII Verkaufserlös und zum Ausgleich des Kontos.

Konto XIV: Gasmesser-Reparaturkosten.

Einnahmen	Ausgaben
1. Von Ordin. zum Ausgleich des Kontos.	1. Für Außenstände aus dem Vorjahr.
	2. Für Deckung des Bedarfes (laufende Ausgaben).

Konto XV: Gaskoch- und Heizapparate-Reparaturkosten.

Einnahmen	Ausgaben
1. Vom Ordin. zum Ausgleich des Kontos.	1. Für Außenstände aus dem Vorjahre.
	2. Für Deckung des Bedarfes (laufende Ausgaben).

Konto XVI: Baubetriebskosten.

Einnahmen	Ausgaben
1. Von verschiedenen Etatsnummern hierher zu erstatten.	1. Persönliche Ausgaben.
	2. Sachliche Ausgaben.

Konto XVII: Materialienankauf für Wassergasanlage.

Einnahmen	Ausgaben
1. Von verschiedenen Etatsnummern des Ordin. Abschn. XX hierher zu erstatten.	1. Beschaffung des Gasöls.
	2. Bestände aus dem Vorjahre.

Konto XVIII: Materialienankauf für die Ammoniakfabrik.

Einnahmen	Ausgaben
1. Von verschiedenen Etatsnummern des Ordin. Abschn. XXI hierher zu erstatten.	1. Beschaffung von rohem Gaswasser.
2. Für Bestände am Jahresschlusse.	2. Beschaffung von Schwefelsäure.
	3. Beschaffung von Kalk.
	4. Beschaffung von Reinigungsmasse.
	5. Bestände aus dem Vorjahre.

Beispiel Vc:

Schema zum Gewinn- und Verlustkonto.

Debet.	Credit.
1. Per Gaskonto.	1. An Gaskohlenkonto.
2. » Kokskonto.	2. » Gasmessermietekonto.
3. » Teerkonto.	3. » Betriebsarbeiter-Lohnkonto.
4. » Ammoniakwasserkonto.	4. » Feuerungskostenkonto.
5. » Gasapparat-Mietekonto.	5. » Beleuchtungskostenkonto.
6. » Graphitkonto.	6. » Reparaturkostenkonto.
7. » Schlacken- und Schlackenaschekonto.	7. » Allgemeines Betriebsunkostenkonto.
8. » Ammoniakfabrik-Betriebskonto.	8. » Generalunkostenkonto.
9. » Wassergasanlage-Betriebskonto.	9. » Straßenbeleuchtungskonto.
10. » Magazin-Gewinnkonto.	10. » Zinsenkonto.
	11. » Konto für Abschreibungen.
	12. » Reinigungsmassekonto.
	13. » Gasabnehmerkonto.
	14. » Bilanzkonto (Reingewinn).

Aus den vorstehend aufgeführten Abschlußformen geht ganz allgemein mit Deutlichkeit hervor, wie einzelne Unternehmen die Buchführung neben der Überwachung des Geschäftes auch der unbedingt erforderlichen Überwachung der Betriebswirtschaft dienstbar gemacht haben.

Betrachtet man zunächst die Beispiele I, II, III a und IV a, so ergibt sich aus diesen vor allem eine klare Unterteilung der Einnahmen, wie diese im geschäftlichen Interesse übrigens ziemlich allgemein den Buchführungen eigen ist. Neben den Haupteinnahmen aus Gas für die verschiedenen Zwecke und aus den Nebenprodukten für die verschiedenen Arten werden die übrigen Einnahmen an Mieten, Zinsen, Gebühren einzeln und in verschiedenartiger Weise verbucht; in besonderen Abteilungen finden sich meist die Einnahmen aus Privatinstallation, Rohrlegungsarbeiten sowie aus Magazin- und Werkstättenbetrieb. In Beispiel IV a sind unter Ersätze und Rückzahlungen eine Anzahl Posten vereinnahmt, die sich aus besonderen Leistungen an Dritte wie insbesondere aus der Verrechnungsweise nach Geschäfts- und Betriebsabteilungen ergeben, auf welche später nochmals verwiesen werden wird.

Bezüglich der Ausgaben ist in Beispiel I eine mit Recht öfter verwendete Unterteilung in Ausgaben für Verwaltung, Werkunterhalt und Betrieb gewählt und im Anschluß hieran noch besondere Abteilungen für die Ausgaben für Nebenprodukte, für Wohnhäuser (getrennt für Unterhalt sowie Zins und Amortisation) sowie für spezielle

Zwecke (Gasrabatt, Beitrag an die Gemeindekrankenkasse) gebildet. Innerhalb der drei Hauptabteilungen: Verwaltung, Unterhalt und Betrieb sorgt eine sorgfältige Gruppierung für gute Aufschlüsse aus der Verbuchung; die Zusammenfassung der Ausgaben für Betrieb in die drei Untergruppen: Vergasungsmaterial, Heizmaterial und sonstige Betriebsausgaben sowie die weitere Detaillierung dieser Gruppen erscheint im Sinne der betriebswirtschaftlichen Überwachung zweckmäßig, wobei hervorgehoben werden soll, daß für die Ermittlung des Aufwandes für Kraftbedarf, Putz- und Schmiermittel sowie für Beleuchtung besondere Titel aufgestellt sind.

Beispiel II, das in Ausgabe eine ähnliche Durchbildung wie Beispiel I zeigt und neben den drei großen Ausgabegruppen Verwaltung, Betrieb und Unterhalt der Fabriken besondere Hauptgruppen, einerseits für Unterhalt des Rohrnetzes und der Installationseinrichtungen wie für Gasmesser, anderseits für den Magazin- und Werkstättenbetrieb jeder dieser Abteilungen aufweist, zeichnet sich durch eine besonders sorgfältige Unterteilung der Betriebsausgaben aus. In der diesbezüglichen Gruppe II werden insbesondere die Betriebsarbeitslöhne für einzelne Apparate- bzw. Fabrikationsgruppen wie die Betriebskosten für die verschiedenen Nebenerzeugnisse detailliert ermittelt und damit eine gute Grundlage für die Überwachung der Betriebswirtschaft geschaffen. Die Ermittlung des Aufwandes für die einzelnen Nebenerzeugnisse ist von besonderer Bedeutung, wenn man beachtet, daß auch die Einnahmen für die Nebenerzeugnisse einzeln festgestellt werden, und aus der Gegenüberstellung dieser Posten der Wert der einzelnen Nebenprodukte für den eigenen Betrieb einwandfrei hervorgeht.

Beispiel III ist vor allem gekennzeichnet durch eine sorgfältige und weitgehende Detaillierung der Unterhaltungskosten, die sich im speziellen bei Unterhaltung der Öfen auf die einzelnen verwendeten Materialien, bei Unterhaltung der Apparate und weiter der Gebäude auf die einzelnen Anlagegruppen erstreckt. Die Betriebslöhne werden nach diesem Schema getrennt von den Vertriebslöhnen für Koks, Teer und Ammoniakwasser behandelt und in zweckmäßiger Weise für die einzelnen Betriebsarbeiten und Betriebsabteilungen detailliert. Die nicht selten sehr allgemein gefaßten Betriebsunkosten werden einer klaren Beurteilung zugänglich durch die hier vorgesehene getrennte Verbuchung der Aufwendungen für Heizung, Gas, Strom, Wasser, Schmierstoffe, Steuer und Gebühren wie Bureauunkosten für den Gaswerksbetrieb. Die Ausgaben für Besoldungen der Beamten und Angestellten der verschiedenen Abteilungen, insbesondere auch der technischen Betriebe, finden in besonderen Titeln getrennte Verrechnung von den diesbezüglichen Aufwendungen für die allgemeine Verwaltung. Auch bei den sachlichen Ausgaben werden in ähnlicher Weise die Aufwendungen für die einzelnen Abteilungen in besonderen Titeln getrennt überwacht. Es ist weiter hervorzuheben, daß nach Beispiel III die Überwachung der Wirtschaft der vorhandenen beiden Gasanstalten vollständig getrennt in Einnahme wie in Ausgabe durchgeführt wird, wobei nur die gemeinschaftlichen Einnahmen für Gas usw. und die gemeinschaftlichen Ausgaben für die allgemeine Verwaltung ausgenommen sind. Die Wirtschaft der Ammoniakfabrik wird im vorliegenden Fall in einer besonderen Betriebsrechnung nach Beispiel III b nachgewiesen, so daß über diesen Teil des Unternehmens eine besonders klare Wirtschaftsüberwachung geübt wird. Auch hierbei werden die Ammoniakfabriken der beiden Anstalten getrennt behandelt.

Eine sehr weitgehende Überwachung der Betriebswirtschaft wird mit der in Beispiel IV a gegebenen Aufstellung zur Betriebsrechnung erzielt. Den drei Haupteinnahmetiteln: Gas, gewonnene Erzeugnisse und Gaseinrichtungen, Straßenrohrleitungen sind in Ausgabe drei gleichlautende Haupttitel gegenübergestellt, so daß der Ertrag dieser drei Hauptabteilungen und teilweise auch der entsprechenden Unterabteilungen, z. B. Koks, Teer, Ammoniakgewinnung klar zu erkennen ist. Innerhalb der Hauptabteilung »Gas« findet eine detaillierte Verrechnung des Aufwandes statt, wobei z. B. auf Kohlen nicht nur die baren Auslagen für Kohlen, sondern auch die Löhne für Bedienung der Kohlenförderanlage, ähnlich auf Gaserzeugung und Gasreinigung u. a. auch die anteiligen Löhne, Gehalte und Materialien auf besonderen Titeln verbucht werden. Nach den gleichen Grundsätzen erfahren die Titel für Koks-, Teer- und Ammoniakgewinnung wie der III. Haupttitel, Gaseinrichtungen, Straßenrohrleitungen usw. eine übersichtliche Detaillierung. Bezüglich der sehr sorgfältigen Unterteilung des Aufwandes für Unterhaltung und allgemeine Unkosten des Werkes (Haupttitel IV) ist hervorzuheben, daß die Unkosten für die einzelnen Materialien festgestellt werden und bei den Untertiteln Gasuhren-Ausbesserungen und Gas-, Koch- und Heizapparate-Ausbesserungen ebenso wie früher getrennt die Löhne, Materialien und Gehalte ausgeschieden sind. Die Verbuchung der Unterhaltungskosten der öffentlichen Beleuchtung im V. Hauptausgabetitel vermittelt eine detaillierte Übersicht über die einzelnen Teilaufwendungen und damit eine eingehende Kontrolle. Schließlich ist noch hervorzuheben, daß die Abschreibung in detaillierter Weise auf zehn Anlagegruppen vorgenommen wird, was gegenüber einer summarischen Abschreibung auf die Gesamtanlage oder einige wenige Anlagegruppen entschieden zu beachten ist. — Das hier behandelte Gaswerksunternehmen führt neben der amtlichen Buchführung in kameralistischer Form eine selbständige kaufmännische Buchführung nach italienischem System. In Beispiel IV b ist das Schema zu dieser Buchführung gegeben, indem in 21 Konten Ein- und Ausgaben einander gegenübergestellt werden; das Beispiel zeigt, daß es bei Verwendung der kaufmännischen Buchführung weit schwieriger ist, eine Überwachung der Betriebswirtschaft zu erzielen, als bei der kameralistischen Buchführung.

In Beispiel V a—c sind die Buchführungseinrichtungen eines Gaswerksunternehmens wiedergegeben, das für die amtliche Rechnung die kameralistische Buchführung in einer gewissen kaufmännischen Form zur Anwendung bringt und dabei noch in einer Hilfsbuchführung eine Buchung nach dem System der doppelten, kaufmännischen Buchführung vornimmt, mit welch letzterer ohne weitgehendere Gliederung eine kaufmännische Überwachung des Unternehmens in gedrängter Form durchgeführt wird. Ohne hier auf die alte Streitfrage betreffs Verwendung der kaufmännischen oder der kameralistischen Buchführung einzugehen, muß hervorgehoben werden, daß eine Vereinigung der beiden Buchführungssysteme Vorteile bieten kann, jedenfalls aber Vorteile bietet gegenüber einer Verwendung der genannten beiden Buchführungssysteme in zwei getrennten Buchführungen nebeneinander. Im vorliegenden Falle übernimmt die kaufmännische Hilfs-Buchführung nach Beispiel V b im wesentlichen die Geschäftsüberwachung in gedrängter Form, indem die Einnahmen und Ausgaben zunächst auf die verhältnismäßig geringe Anzahl von Konten nach kaufmännischen Grundsätzen verbucht werden. Im Gegensatz zu dieser Hilfsbuchführung entspricht die offizielle, kameralistische Buchführung, die der Etatsüberwachung dient, in der Unterteilung nach Beispiel V a mehr den betriebswirtschaftlichen Anforderungen und hat als solche verschiedene Vorzüge, die hervorzuheben sind. Die kameralistische Buchführung nach Schema Va ist in Einnahme und Ausgabe gleichmäßig untertitelt und hat eine solche Form, daß sie mit der kaufmännischen Hilfsbuchführung in Übereinstimmung gebracht werden kann. Diesem Zweck dient vor allem die scharfe Trennung der Einnahmen und Ausgaben im Ordinarium und Extraordinarium, wobei alle Ausgaben, die mit dem Betriebe der Gaswerke in ursächlichem Zusammenhange stehen, einschließlich Verzinsung der Schulden und der Abschreibungen von den Werten der Werke im Ordinarium nachgewiesen werden und im Extraordinarium alle Ausgaben für Erweiterung und Erneuerung der Werke aufgenommen, sowie diejenigen Vorgänge nachgewiesen werden, die auf die Schulden oder das Vermögen der Gaswerksunternehmen von Einfluß sind. Das Ordinarium stellt sonach die kaufmännische Gewinn- und Verlustrechnung dar, die zur näheren Erläuterung im Beispiel V c in der kaufmännischen Form wiedergegeben ist, während das Extraordinarium die Unterlagen zum Aufbau der kaufmännischen General-Bilanz liefert. — Zur Klarstellung der vorliegenden kombinierten kaufmännischen und kameralistischen Buchführung sei noch erwähnt, daß in der kaufmännischen Hilfsbuchführung alle Kassa-Buchungen, die eine Gliederung auf verschiedene Positionen im Ordinarium oder Extraordinarium sowie auch auf verschiedene Betriebszweige der Gaswerke notwendig machen, zunächst vereinnahmt bzw. verausgabt werden. Durch gleichzeitig nach den verschiedenen Etatstiteln geführte Kontrollen wird die Gliederung nachgewiesen; auf Grund dieser Kontrollen wird die Kasse periodisch beim Rechnungsschluß (monatlich und vierteljährlich) sowie am Jahresschluß zur summarischen Umbuchung auf die betreffenden Positionen veranlaßt. Der Hilfsbuchführung werden beim Wechsel des Rechnungsjahres bzw. zu den kürzeren Rechnungsperioden sämtliche Bestände sowie Einnahme- und Ausgabereste zur Erledigung im neuen Rechnungsabschnitt überwiesen, wodurch das Ordinarium und das Extraordinarium ausschließlich nur mit den Ergebnissen des betreffenden Etatsjahres erkannt oder belastet wird und formelle Etatsüberschreitungen vermieden werden. Die kaufmännische Hilfsbuchführung kommt hiernach in allen wesentlichen Teilen dem Bedürfnis nach kaufmännischer Geschäftsüberwachung entgegen und dient im vorliegenden Falle außerdem zur Gegenprobe für den Abschluß der offiziellen Verwaltungsbuchhaltung. — Das Wesen vorliegender Etatsbuchführung nach Beispiel V a liegt in der Gegenüberstellung der Einnahmen und Ausgaben auf den einzelnen Haupttiteln, so daß sich hierdurch eine der kaufmännischen ähnliche Rechnungsform ergibt. Die Differenz der Einnahme und Ausgabe auf diesen Haupttiteln ergeben die Gewinne und Verluste der einzelnen Posten, insbesondere auch der betreffenden Gegenstandsgruppen und Betriebsabteilungen. Für einzelne dieser Gruppen, so für den Titel »Gasmesser- und Gaskochapparate«, Wassergasanlage und Ammoniakfabrik sind neben sorgfältiger Detaillierung auch die Zinsen und Abschreibungen in Ausgabe verrechnet, so daß der Reinertrag für diese Gruppen unmittelbar aus der Betriebsrechnung hervorgeht. Alle übrigen Details ergeben sich nach den Erörterungen bei den früheren Beispielen ohne weiteres.

Im Anschluß an die vorstehend gegebenen finanziellen Überwachungsformen städtischer Gaswerksunternehmen sind im folgenden vergleichsweise die Buchführungseinrichtungen einer bedeutenden privaten Gaswerksgesellschaft wiedergegeben. Der Buchführung dieser Gesellschaft liegt in Einnahme und Ausgabe zunächst nachfolgende Hauptkonteneinteilung zugrunde:

Einnahme.

Privatbeleuchtung.
Öffentliche Beleuchtung.
Gasmessermiete.
Verkauf von Apparaten und Ausstellung.
Miete für Gasapparate.
Unterhaltungskonto.
Koks.
Teer.
Ammoniakfabrik.
Gasmesserwerkstätte.
Fabrikationskonto und Verschiedenes.
Generalunkostenkonto.
Kohle.
Ausgebrauchte Gasreinigungsmasse.
Zyanschlamm.
Verschiedenes.

Ausgabe.

Neubau.
Lager.
Unterhaltung.
Verkauf von Apparaten und Ausstellung.
Fabrikationskonto.
- Kohle.
- Verschiedenes.
- Koks.
- Teer.
- Ammoniakwasser.
- Teeröl.
- Reinigungsmasse.
- Laternenanzünder.

Ammoniakfabrik.
Generalunkostenkonto.
Gasmesserwerkstätte.
Löhne.

Für die Zwecke der betriebswirtschaftlichen Überwachung sind die vorgenannten Haupt-Ausgabekonten verschiedentlich einer eingehenden Unterteilung unterworfen, ganz besonders gilt dies von dem Unterhaltungskonto, das zunächst in nachbenannte 12 Unterkonten aufgeteilt wird, von denen allein die drei wichtigsten, nämlich für Unterhaltung der Apparate, der Gebäude und des Straßenrohrnetzes die weiterhin verzeichneten 50 Positionen umfassen:

Unterteilung des Unterhaltungskonto.

1. Gasmesser.
2. Retorten und Retortenöfen.
3. Apparate.
4. Gasbehälter.
5. Gebäude.
6. Straßenrohrnetz.
7. Öffentliche Laternen und Bedienung.
8. Privatinstallation.
9. Zieh- und Lademaschinen, Werkzeuge.
10. Pflasterarbeiten.
11. Gleisanlagen.
12. Verschiedenes.

Weitere Unterteilung der Unterkonten: Unterhaltung der Apparate, der Gebäude und des Rohrnetzes.

I. Unterhaltung der Apparate.

1. Retortenöfen.
2. Ofenarmatur.
3. Kohlenbeförderungsanlage.
4. Elektrische Anlage.
5. Werkzeuge für Öfen, Brenner usw.
6. Verschiedene Werkzeuge.
7. Kühler.
8. Gassauger, Maschinen, Dampfkessel, Dampfpumpen, Dampfleitung.
9. Teerwäscher.
10. Standardwäscher.
11. Zyan- und Naphthalinwäscher.
12. Reiniger.
13. Werksgasmesser.
14. Gasbehälter.
15. Beförderungsmaschinen für Kohlen, Kohlenbrecher und Aufzüge.
16. Rohre, Schleusen und Verbindungen auf dem Werke usw.
17. Regler.
18. Hochbahn und Schmalspurgeleise.
19. Eisenbahnanlage.
20. Lokomotive.
21. Koksbeförderung (Brouwers Rinne).
22. Koksaufbereitung und Lagerung.
23. Wassergas.
24. Teer- und Ammoniakbehälter.
25. Verschiedenes.

II. Unterhaltung der Gebäude.

1. Wassergasgebäude.
2. Pflasterarbeiten auf dem Werk.
3. Hafen, Einfriedungsmauern u. Zäune.
4. Magazin und Werkstättengebäude.
5. Retortenhaus mit angebauten Maschinenhäusern.
6. Gassauger, Maschinen- und Dampfkesselhaus.
7. Reinigerhaus.
8. Werksgasmesser- und Reglerhaus.
9. Wohn- und Kanzleigebäude.
10. Bade- und Kantinengebäude.
11. Wasserturm.
12. Verschiedenes, Überladeanlage, Schuppen, Aborte.

III. Unterhaltung des Straßenrohrnetzes.

1. Legung von stärkeren Rohren.
2. Umlegungen.
3. Reparaturen und Reinigung.
4. Abbohren.
5. Zuleitungen und Gasmesseraufstellungen.
6. Abnahmen von Gasmessern.
7. Wechslungen von Gasmessern.
8. Umstellungen von Gasmessern (einschl. Leitungen).
9. Automobil.
10. Rohrlager.
11. Dichtungs- und Brennmaterial (Blei, Teerstricke, Seife, Koks).
12. Rohrlegerwerkzeug.
13. Instandhaltung der Revierbureaux.

Vollständig in sich abgeschlossen ist das Hauptkonto für Verkauf von Apparaten und Ausstellung, indem auf dieses Konto laut folgender Liste neben den unmittelbaren Auslagen für Apparate auch die diesbezüglichen Betriebs- und Nebenauslagen: Löhne, Gehalte, Unterhaltungskosten und Generalunkosten Verrechnung finden; der Saldo dieses Kontos ergibt sonach den wirklichen Gewinn, der auf diese wichtige Spezialabteilung des Gaswerksunternehmens entfällt.

Unterteilung für das Konto: Verkauf von Apparaten und Ausstellung.

1. Lager.
2. Verschiedenes für Ausstellung.
3. Löhne.
4. Gehälter.
5. Miete.
6. Steuern.
7. Annoncen.
8. Gas.
9. Koks.
10. Unterhaltung.
11. Verschiedene kleine Ausgaben.

Das Konto Generalunkosten ist schließlich noch wie folgt unterteilt:

1. Beseitigung von Lichtmängel.
2. Gerichtskosten.
3. Abgaben an Gemeinden.
4. Pensionen für Beamte und Arbeiter.
5. Gehälter.
6. Überwachung und Ablesen der Gasmesser.
7. Überwachung und Bedienung der Münzgasmesser.
8. Steuern.
9. Verschiedene Generalunkosten.

Im ganzen geben die vorstehenden Listen im Verein mit der bereits im Hauptkontenverzeichnis (siehe Seite 43) gegebenen Unterteilung des Fabrikationskontos einen Einblick, in welchen Grenzen sich die kaufmännischen und technischen Interessen bei der Überwachung industrieller Betriebe vereinigen lassen.

b) Selbstkostenberechnung des Gases.

Neben der Abschlußrechnung der Etatsbuchhaltung und der Gewinn- und Verlustrechnung dient bei vielen Gaswerksunternehmen noch eine spezielle Abschlußform, die sog. Selbstkostenberechnung des Gases, dem Zwecke, ein Urteil über die Betriebswirtschaft in finanzieller Beziehung zu erhalten. Die Selbstkostenberechnungen des Gases werden in verschiedenartiger Weise, durchweg jedoch auf Grund der in den Betriebs- bzw. Gewinn- und Verlust-Rechnungen gegebenen Austitelung bzw. Kontierung, aufgestellt. Zur Gewinnung von Vergleichszahlen werden die einzelnen Posten dieser Aufstellungen häufig auf eine Einheit, und zwar entweder auf 1 cbm Gasproduktion, 1 cbm Gasabgabe oder auch 1 cbm nutzbare Gasabgabe bezogen. Die nachstehenden Beispiele sollen diese Art Rechnungen zunächst veranschaulichen.

Beispiel I:

Selbstkostenberechnung des Gases.

	Im ganzen	für 1000 cbm Nutzgas
Betriebsausgaben:		
1. für Kohlen	×	×
2. » Wassergas	×	×
3. » Gasreinigung	×	×
4. » Stocherlöhne	×	×
5. » Betriebslöhne	×	×
6. » Dampfkesselunterfeuerung	×	×
7. » Betriebsmaterialien	×	×
8. » Strom vom städt. Elektrizitätswerk	×	×
9. » Unterhaltung der Gasöfen	×	×
10. » » der Maschinen	×	×
11. » » des Röhrensystems	×	×
12. » » der öffentlichen Beleuchtung	×	×
13. » » der Eisenbahn	×	×
14. » Reparaturen	×	×
15. » Unterhaltung der Gasmesser	×	×
16. » Gehälter und Pensionen (Gesamtgehälter und Pensionen der G.-, E.- u. W.-Werke	×	×
17. » Löhne der Kassenboten, Portiers usw.	×	×
18. » Unkosten	×	×
Summe der Betriebsausgaben:	×	×
An Nebeneinnahmen gehen hiervon ab (nach Abzug der jeweiligen Unkosten):		
1. für Koks	×	×
2. » Teer	×	×
3. » Ammoniak	×	×
4. » Ferrozyan	×	×
5. » verschiedene Erzeugnisse	×	×
6. » Hausanschlüsse, Anlagen in städt. Gebäuden und abgegebenen Magazingegenständen	×	×
7. » Gasmessermieten	×	×
8. » Pachte und Mieten	×	×
9. » Gehalte und Pensionen, Wasserwerk	×	×
10. » Gehalte und Pensionen, Elektrizitätswerk	×	×
11. » Aktivzinsen	×	×
Summe der Nebeneinnahmen:	×	×

	Im ganzen	für 1000 cbm Nutzgas
Bleiben Netto-Erzeugungskosten	×	×
Die Gesamteinnahme für Gas betrug	×	×
Hiervon ab die Erzeugungskosten.	×	×
Bleibt Betriebsüberschuß:	×	×
Hiervon gehen ab:		
für Zinsen	×	×
für Abschreibungen in Höhe des Tilgungsbetrages. . .	×	×
Zusammen:	×	×
so daß ein Überschuß verbleibt von	×	×
Hiervon entfallen auf:		
Erweiterungen	×	×
Erneuerungen	×	×
Ablieferung an die Stadt	×	×

In Beispiel 1 werden aus der Differenz der nach der Betriebsrechnung detaillierten Einnahmen und Ausgaben die sog. Netto-Erzeugungskosten, richtiger Brutto-Selbstkosten (da die Beträge für Zinsen und Abschreibung noch unberücksichtigt und die Gas a b s a t z kosten inbegriffen sind), ermittelt und nach Abzug dieser Kosten von der Gesamteinnahme für Gas, der Betriebsüberschuß, richtiger Bruttoüberschuß, und weiter der Nettoüberschuß oder Reingewinn durch Abrechnung der Aufwendungen für Zinsen und Abschreibungen festgestellt. — Von anderen Grundsätzen ist in Beispiel 2 (S. 48 u. 49) ausgegangen, in welchem zunächst die restierenden Kosten für die gesamten Ausgangsmaterialien der Gaserzeugung errechnet werden, die nach Vereinnahmung für die gesamten Nebenprodukte von dem Gesamtaufwand für Rohmaterialien verbleiben. In übersichtlicher Form werden diesen Kosten der Aufwand für Reinigungsmaterial, die Lohnkosten für Betrieb und Vertrieb, die detaillierten Ausgabenfür Unterhaltung, für Steuern und Versicherungen, für Gehalte, Pensionen und Unterstützungen, für Privat- und öffentliche Beleuchtung u. a. m., schließlich für Zinsen, Tilgung und Abschreibung zugerechnet und diesen Gesamtausgaben die Einnahmen für Gas zur Errechnung des Überschusses gegenübergestellt. Im vorliegenden Fall erhöht sich dieser Überschuß durch die Einnahme aus der Gasmessermiete und den Überschuß des besonders verwalteten Magazins und der Werkstatt auf einen endgültigen Gesamtüberschuß. —

Beispiel 2.

Selbstkostenberechnung des Gases.

	Jahr:		für 1000 cbm Produktion	
	ℳ	ℳ	ℳ	ℳ
Ausgaben für:				
Kohlen		×[1]	×[1]	
Unterfeuerung		×[1]	×[1]	
Koks und Karburieröl zur Wassergasfabrikation		×[2]	×[2]	
		×		×
Einnahme für:				
Koks	×[1]			
Breeze	×[1]		×[1] (Koks, Breeze, Asche)	
Asche	×[1]			
Teer	×[1]		×[1]	
Ölteer	×[2]		×[2]	
Ammoniakwasser	×[1]		×[1]	
div. Nebenprodukte	×[1]		×[1]	
schwefelsaures Ammoniak	×[1]		×[1]	
konzentriertes Ammoniakwasser	×[1]		×[1]	
Gesamteinnahme:		×		×
bleiben für Rohmaterialien zur Gasgewinnung		×		×
Ausgaben für:				
Reinigungsmaterial		×	×	
Arbeitslohn für Betrieb und Vertrieb		×	×	×
Summe der eigentl. Fabrikationskosten		×		×
Ausgaben für:				
Unterhaltung des Grund und Bodens		×	×	
Ofenumbauten und Wassergasgeneratoren		×	×	
Unterhaltung der Gebäude und Apparate		×	×	
Unterhaltung der Geräte		×	×	
Steuern und Versicherungen		×	×	

[1]) Bezogen auf 1000 cbm Kohlengasproduktion.

[2]) Bezogen auf 1000 cbm Wassergasproduktion. Die nicht markierten Beträge sind bezogen auf 1000 cbm Gesamtproduktion an Kohlengas und Wassergas.

	Jahr:		für 1000 cbm Produktion	
	M	M	M	M
Übertrag:		×		×
sonstige Betriebskosten		×	×	
Direktion, Beamte und Bureaus		×	×	
Pension, Witwenpension, Ruhegeld, Unterstützungen		×	×	
Kosten der Privatbeleuchtung		×	×	
öffentliche Beleuchtung abzüglich der Einnahmen aus Laternenbeschädigungen . . .		×	×	
zweifelhafte Forderungen.		×	×	
außerordentliche Zwecke		×	×	
Verarbeitung von Ammoniakwasser		×	×	
Ölteer (Bestanddifferenz)				
Unkosten für Karburieröl				
Summe vorst. Ausgaben:				×
Summe vorst. Ausgaben einschl. Fabrikationskosten:		×		×
Amortisation der Anleihe		×	×	}
Ausgaben für:				×
Abschreibungen		×	×	}
Zinsen nach Abzug der Zinseinnahme		×	×	}
Summe der Ausgaben insgesamt:		×		×
Dagegen Einnahme für:				
Gas zur öffentlichen Beleuchtung	—			
Beleuchtung der Anstalten und Bureaus . .	×		×	
Privatgas	×		×	
Zusammen:		×		×
Daher Überschuß:		×		×
Hiezu Überschuß aus:				
Gasmessermiete	×		×	}
Gasdruckreglermiete	×			}
Verwaltung von Magazin und Werkstatt . .	×		×	}
Zusammen:		×		×
Gesamtüberschuß:		×		×

Beispiel 3.

Betriebskosten-Berechnung für .... 19.....

Gaswerk	Im ganzen		per 100 cbm Kohle-Gas
...... t Kohle vergast zu ℳ ...... frei Werk (Kahn oder Waggon) . .			
Kohlenbetrieb { Löhne ℳ per ton vergaster Kohle ℳ			
Kohlenbetrieb { Kraft ℳ ...... „ „ „ „ ℳ			
Kohlenbetrieb { Verschiedenes ℳ „ „ „ „ ℳ			
...... t Kohle vergast . . . . zu ℳ frei Retortenhaus			
...... t Koks zur Unterfeuerung . . . „ ℳ			
...... t { „ „ Kesselfeuerung . . . „ ℳ			
...... t { Schlackenkoks z. Kesselfeuerung „ ℳ }			
...... t { Staubkokos zur „ „ ℳ			
...... t Eisenoxyd für die Reiniger			
...... t Frisches Anthrazenöl f. d. Napht.-Wäscher			
Reinigerlöhne			
Gasbetriebslöhne			
Allgemeine Betriebsunkosten { Löhne / Material }			
Rohkosten der Gaserzeugung			

…… t Koks erzeugt zu ℳ …… Brutto = ℳ …… p. 100 cbm ℳ						
Koksbetrieb { Löhne, Kraft, Verschiedenes } . . . . ℳ …… p. 100 cbm ℳ ……						
…… t Koks erzeugt zu ℳ Netto						
…… t { Schlackenkoks, Staubkoks }						
…… kg Ammoniak zu ℳ (Grundpreis) (Hektoliter) . . .						
Gewinn der Ammoniakwerke						
…… kg Ammoniak } aus Zyanschlamm {						
…… kg Zyanblau } aus Zyanschlamm {						
…… t Teer } zu ℳ {						
…… t gebrauchtes Anthrazenöl } zu ℳ {						
…… t gebrauchte Gasreinigungsmasse						
Wert der verkauften Nebenprodukte						
Nettokosten von …… cbm Kohlengas „ „ …… „ Wassergas „ „ …… „ Mischgas						

Die private Gasgesellschaft, deren Buchführungseinrichtungen vorerwähnt sind, errechnet die Betriebskosten der Gaserzeugung nach dem im Beispiel 3 gegebenen Schema. In dieser Betriebskostenberechnung, die allmonatlich und weiter auch halbjährlich und jährlich aufgestellt wird, werden die Rohkosten der Gaserzeugung und der Wert der verkauften Nebenprodukte in einer sehr klaren und übersichtlichen Form ermittelt und aus beiden die Nettokosten des Gases festgestellt. Die Detailrechnung erstreckt sich zunächst auf die Ermittlung der Gesamtkosten für die Kohle frei Retortenhaus sowie auf die Errechnung der Selbstkosten des Kokses zur Unterfeuerung und anderem. Im ersteren Falle werden den Kosten der Kohle frei Werk die Kosten für den Kohlenbetrieb, d. i. für Löhne, Kraft und Verschiedenes für Kohlentransport und Aufbereitung zu geschlagen. Nebenher werden zur Gewinnung monatlicher Vergleichszahlen die genannten Kosten für den Kohlenbetrieb einzeln auf die Tonne vergaste Kohlen bezogen. In ähnlicher Weise ergeben sich die Nettokosten von 1 t Koks zur Unterfeuerung aus

$$\frac{\text{Verkaufserlös — Kosten für den Koksvertrieb (Mark)}}{\text{Kokserzeugung — Selbstverbrauch (Kilogramm)}},$$

wobei unter Kosten für den Koksvertrieb die Aufwendungen für Löhne, Kraft und Verschiedenes beim Kokstransport und der Koksaufbereitung getrennt verrechnet werden. Auch hierbei werden für die Zwecke der Wirtschaftsüberwachung des Koksvertriebes die Einzelaufwendungen auf 1 t Koks bezogen. Unter Gasbetriebslöhnen werden in der vorstehenden Kostenaufstellung die Löhne für die gesamte Ofenhausarbeit, also für die Ofenbedienung einschl. Aufseher, sowie für Ofenhausschlosser verrechnet. Die allgemeinen Betriebskosten finden nur in den halbjährlichen und jährlichen Kostenberechnungen Berücksichtigung, wobei dann unter «Löhne» alle Löhne für Portiers, Wächter, Regulier- und Wohlfahrtspersonal, für Auf- und Abladen von Material, für Maschinenputzer, für Reinigen des Hofes und der Gebäude, ferner die Beiträge für die Krankenkasse, Altersversicherung, Pensionen usw. für diese Arbeitergruppe und unter »Material« die Aufwendungen für Schmier- und Putzmaterial, Kaffee, Schmutzanzüge, Beleuchtung, Trinkwasserversorgung und Kanalisation verrechnet werden. Nicht inbegriffen sind in diesen Allgemeinen Betriebskosten die Aufwendungen für Reparaturen, Instandhaltung, Verzinsung und Amortisation. Den ermittelten Rohkosten der Gaserzeugung wird der Wert der verkauften Nebenprodukte gegenübergestellt, also der Wert des verkauften Kokses (zum oben errechneten Netto-Einheitssatz), der Wert der Schlacke und des Staubkokses, des im Gaswasser gewonnenen Ammoniaks (das zu einem festen Grundpreis an die Ammoniakfabrik verkauft wird), weiter der Gewinn der Ammoniakfabrik, der Wert des verkauften Teeres abzüglich der Aufwendungen für Löhne, Transport und Schleuderkosten, des gebrauchten Anthrazenöls und der gebrauchten Reinigungsmasse. Die sich hieraus ergebenden Nettokosten des Kohlengases werden für Vergleichszwecke ebenso wie die verschiedenen Teilposten dieser Berechnung auf 100 cbm erzeugtes Kohlengas bezogen.

Die im vorstehenden behandelten Abschlußformen der Buchführung müssen in kurzen Fristen zur Anwendung kommen, wenn damit eine wirksame finanzielle Überwachung der Wirtschaft erzielt werden soll. In der Tat werden von verschiedenen Gaswerksunternehmen die ursprünglich nur für den Jahresabschluß bestimmten Abschlußformen, vor allem die oft sehr umfangreiche Betriebsrechnung, monatlich oder doch vierteljährlich zum Abschluß gebracht. Die Ausgestaltung, welche nach dem Vorstehenden verschiedene der Abschlußformen nach betriebswirtschaftlichen Grundsätzen erfahren haben, gibt dem kurzfristigen Abschluß der Buchführung nicht nur für die allgemein finanzielle, sondern auch für die betriebswirtschaftliche Überwachung eine hohe Bedeutung.

2. Beispiele besonderer Aufstellungen zur finanziellen Überwachung.

Trotz der öfter ziemlich weitgehenden Ansprüche, welchen bei einzelnen Abschlußformen der finanziellen Überwachung der Betriebswirtschaft Genüge geleistet ist, wird diese von vielen, namentlich großen Gaswerksunternehmen, innerhalb der beengenden Formen, welche die kaufmännischen Interessen bedingen, nicht als ausreichend erachtet. Aus diesem Grunde ist eine Anzahl von Gaswerksunternehmen dazu übergegangen, für die Zwecke der betriebswirtschaftlichen, finanziellen Überwachung besondere Aufstellungen bzw. Niederschriften neben der offiziellen Buchführung zu führen. Diese besonderen Aufstellungen sind zwar meist auf der Grundlage der Buchführungsabschlußformen aufgestellt und bestehen in einem zweckentsprechenden Ausbau dieser Formen; in der Detailausführung sind diese Aufstellungen also unabhängig von anderen als technisch-wirtschaftlichen Interessen.

a) Löhne.

In vielen Fällen beziehen sich diese besonderen Aufstellungen allerdings nur auf eine Überwachung der Löhne. Wenn auch die Löhne, wenigstens im inneren Gaswerksbetrieb, durchaus nicht mehr die ausschlaggebende Bedeutung früherer Zeiten besitzen, so lassen sich doch aus einer sorgfältigen Lohnverteilung wertvolle betriebswirtschaftliche Aufschlüsse gewinnen. Das in Beispiel V behandelte Gaswerksunternehmen nimmt beispielsweise eine Lohnverteilung nach folgender Liste 1 vor, während ein anderes Unternehmen die Löhne nach Liste 2 verteilt.

Lohnverteilungsliste 1.

A. Betriebslöhne.

1. Kohlenentladen,
2. Kohlenbetrieb: Retortenhaus I,
3. Kohlenbetrieb: Retortenhaus II,
4. Gasöfenbedienung: Retortenhaus I,
5. Gasöfenbedienung: Retortenhaus II,
6. Apparate und Maschinenbedienung: Dampfkessel,
7. Apparate und Maschinenbedienung: Allgemein,
8. Trockenreinigung,
9. Koksvertrieb,
10. Kokstransport: Retortenhaus I,
11. Kokstransport: Retortenhaus II,
12. Teer- und Ammoniakwasservertrieb,
13. Betriebsunkosten.

B. Sonstige Löhne.

14. Umlagern von Kohlen,
15. Gebäudereparaturen,
16. Retortenöfenreparaturen: Retortenhaus I,
17. Retortenöfenreparaturen: Retortenhaus II,
18. Apparate- und Maschinenneubeschaffung,
19. Apparate- und Maschinenreparaturen: Allgemein,
20. Apparate- und Maschinenreparaturen: Krananlage,
21. Apparate- und Maschinenreparaturen: Transportanlage,
22. Gasbehälterreparaturen,
23. Betriebsgerät- und Werkzeugneubeschaffung,
24. Betriebsgerät- und Werkzeugunterhaltung,
25. Laboratorium,
26. Arealunterhaltung,
27. Mobilienneubeschaffung,
28. Mobilienunterhaltung,
29. Magazin der Gasanstalt I,
30. Löhne an Kranke,
31. Löhne an Beurlaubte,

32. Löhne an Militärübungsverpflichtete,
33. Beiträge zur Krankenversicherung,
34. Beiträge zur Alters- und Invaliditätsversicherung,
35. Neubaulöhne,
36. Vorschußkonten x, y, z.

Lohnverteilungsliste 2.

A. Betriebslöhne.

1. Bedienung der Öfen,
2. Dampfkessel,
3. Apparate,
4. Maschine im Retortenhaus,
5. Regler,
6. Gasbehälterheizung,
7. Wassergasanlage,
8. Anstaltswächter,
9. Kohlentransport,
10. Koksaufbereitung und Verkauf,
11. Reiniger,
12. Teervertrieb,
13. Zyangewinnung,
14. Sonstige Arbeiten,
15. Feuerhaus III: Betrieb,
16. Feuerhaus III: Koks,
17. Beurlaubte und erkrankte Arbeiter (Fabrikbetrieb),
18. Ammoniakfabrik,
19. Beurlaubte und erkrankte Arbeiter (Gaswasserverdichtungsanlage),
20. Kesselreinigung,
21. Sonstige Betriebskosten,
22. Kohlenlöschung und Lagerung,
23. Anfuhr von Gasöl,
24. für Rechnung Dritter.

B) Löhne für Unterhaltung.

25. Laternenwärterutensilien,
26. Gebäude,
27. Wege-, Hof- und Lagerflächen,
28. Retorten und Ofen,
29. Apparate und Maschinen,
30. Betriebsgeräte und Werkzeuge,
31. Reviergeräte und Werkzeuge,
32. Mobilien.

Ein weiteres Gaswerksunternehmen führt zum Zwecke der Lohnkontrolle für jede einzelne Betriebsstelle eines Betriebszweiges besondere Lohnlisten mit entsprechender Verteilung und setzt die monatlichen und jährlichen Lohnaufwendungen bei den verschiedenen Betriebsstellen den entsprechenden Aufwendungen früherer Zeitabschnitte in besonderen Vergleichsaufstellungen gegenüber.

b) Unterhaltungskosten.

Neben der detaillierten Lohnüberwachung werden von den Gaswerksunternehmen nicht selten detaillierte Nachweisungen der Unterhaltungs- bzw. Reparaturkosten geführt, obwohl meist schon in den Betriebsrechnungen den Positionen für Unterhaltung ein breiter Raum gewährt wird. In einer Reihe von Unternehmungen werden die Kosten jeder einzelnen größeren Reparatur fortlaufend ermittelt mit dem Zweck, aus den diesbezüglichen Aufzeichnungen im Bedarfsfalle Auszüge über die Reparaturkosten gewisser Betriebsteile usw. zu machen, während andere Unternehmen die Reparaturkosten nur für einzelne, jeweils wichtig erscheinende Betriebsabteilungen festlegen, wobei manchmal auch anstatt der wahren Lohnaufwendungen die Lohnbeträge mit Hilfe von gewissen Normalsätzen für gelernte und ungelernte Arbeiter errechnet werden. Andere, namentlich größere Werke, ermitteln die Unterhaltungskosten getrennt für die einzelnen Betriebszweige, wobei in einzelnen Fällen die Aufwendungen für Löhne, Materialien und Ersatzteile sowie Schmier- und Putzmaterialien auseinandergehalten werden. Welcher Wert in großen Betrieben einer scharfen Überwachung der Unterhaltungskosten beigemessen wird, geht beispielsweise aus nachstehender Aufstellung hervor, nach welcher neben den Betriebslöhnen insbesondere die Reparaturlöhne für eine große Anzahl von Betriebsabteilungen und dafür nicht nur allgemein, sondern getrennt für Schlosser, Schmiede, Maurer, Zimmerleute und Taglöhner festgelegt werden.

Lohnverteilungsliste 3.

A. Betrieb der Fabriken.

1. a) Kohlen
    - α) Kohlenschuppen,
    - β) Ofenhaus,

   b) Benzol,
2. Heizmaterial
    - α) Kesselanlage,
    - β) Generatoren,
3. Gasreinigungsmaterial
    - α) Reinigeranlage,
    - β) Generatoren,

4. Betriebsutensilien,

5. Fabrikbetriebslöhne
   - a) Ofenhaus,
   - b) Maschinenanlagen
     - α) Apparatenanlage, Gasmesser, Regler,
     - β) Kesselanlage und Behälter,
     - γ) elektrische Zentrale,
     - δ) Generatorenanlage,
   - c) Reinigung (Eisenreinigung),
   - d) Allgemeines,

6. Betriebskosten für Nebenerzeugnisse
   - a) Koks
     1. Transport und Verkauf,
     2. Zulage an die Träger,
     3. Brechen, Reparaturen der Maschinen,
   - b) Lösche,
   - c) Teer,
   - d) Ammoniak (Gaswasser),
   - e) Zyan (ausgebrauchte Reinigungsmasse),
   - f) Graphit,

7. Laboratorium und Untersuchungen.

B. Unterhalt der Fabriken.

a)
1. Gebäude,
2. Ofenhaus I,
3. Ofenhaus II,
4. Apparatenhaus,
5. Reinigerhaus,
6. Kesselhaus,
7. Gasmesserhaus,
8. Reglerhaus,
9. Gasbehälter,
10. Hochbehälterhaus,
11. Ammoniakfabrik,
12. Werkstätten, Kantine und Bad,
13. Laboratorium,
14. Magazin,
15. Kohlenschuppen I,
16. Kohlenschuppen II,
17. Koksvorratsbehälter,
18. Betriebsgebäude,
19. Dienstwohngebäude I,
20. Dienstwohngebäude II,

b) Straßen,

c) Öfen

1. Einbau,
2. Reparaturen,
3. laufender Unterhalt,

d) Apparate

1. Ofenarmatur, Vorlage, Leitung,
2. Teer- und Gaswasserleitungen, Pumpen,
3. Kesselanlage,
4. Kühler, Gassauger, Wäscher, Teerscheider,
5. elektrische Zentrale,
6. Generatorenanlage,
7. Reiniger,
8. Uhren, Karburator, Regler,
9. Gasbehälter,
10. Greiferbrücke,
11. Koksaufzug,
12. Dampfleitungen,
13. Gasleitungen,
14. Wasserleitungen,

Die Lohnverteilung nach dieser Liste wird wöchentlich aufgestellt und verschafft der Betriebsleitung eine weitgehende Übersicht über die Löhne, speziell die Reparaturlöhne. Durch die Detaillierung der Reparaturlöhne nach Arbeiterkategorien gibt diese Liste die Grundlage für die Errechnung der Reparaturkosten in den einzelnen Betriebsabteilungen. Die folgende Liste 4, die den Zwecken der Buchhalterei dient, zeigt, wie sich die weitgehende Lohndetaillierung vorstehender Liste 3 auf verhältnismäßig wenige Titel der Betriebsrechnung verteilt.

Lohnausscheidung für die Etatsbuchführung.

A. Ordentliche Ausgaben.

a) Verwaltung

1. allgemeine Kosten,
2. Reinigung der Bureaulokale,
3. Gasdruckmeßvorrichtung,
4. Abgabe von Kaffee und Teegetränken,

b) Betrieb der Fabriken

1. Kohlen,
2. Benzol,
3. Heizmaterial,
4. Gasreinigungsmaterial,
5. Betriebsutensilien,
6. Fabriklöhne

a) Ofenhaus,
b) Maschinen,
c) Reinigung,
d) Allgemeines,

7. Betriebskosten für

a) Koks,
b) Lösche,
c) Teer,
d) Ammoniak,
e) Zyan,
f) Graphit,

8. Unkosten für Laboratorium usw.,

c) Unterhalt der Fabrik

1. Unterhalt der Gebäude,
2. Unterhalt der Straßen,
3. Unterhalt der Geleise,
4. Unterhalt der Gaserzeugungsöfen,
5. Unterhalt der Apparate, Dampfkessel usw.,
6. Altmaterial, Ausgaben für Löhne.

B. Außerordentliche Ausgaben.

Erweiterungsbauten auf Anlehen.

c) Gesamtwirtschaft.

Mit zunehmender Größe der Unternehmen ergibt sich in wachsendem Maße das Bedürfnis und die Notwendigkeit für möglichst vollkommene und umfassende finanzielle Überwachung der Betriebswirtschaft. Es ist daher natürlich, daß gerade einzelne größere wie auch größte Werke nicht dabei stehen geblieben sind, ihre Betriebe durch Lohnverteilungen und Nachweisungen der Unterhaltungskosten zu überwachen, sondern buchmäßige Überwachungsformen aufgenommen haben, die entweder den ganzen Umfang der Unternehmen oder doch speziell den Erzeugungsbetrieb umfassen. Ein Beispiel für den ersten Fall gibt nachfolgendes Kontierungsschema, Beispiel a), das eine sehr weitgehende Spezialisierung des in Beispiel I (Seite 10) gegebenen Betriebsrechnungsschemas darstellt. Als Beispiele finanzieller Überwachung des Erzeugungsbetriebes bei großen Unternehmen dienen nachfolgende Schemata. Die Kontierung nach Beispiel b) wird in einem großen Betrieb als selbständige Fabrikbuchführung neben der offiziellen Buchführung geführt, während nach Beispiel c) für die Betriebszwecke eine weitgehende Detaillierung der summarischen Etatspositionen vorgenommen wird.

Beispiel a).

Kontierungsschema.

I. Gaswerk.

Einnahmen.

I A. Gasverkauf:

a) öffentliche Beleuchtung
  1 bis 5 verschiedene Absatzgebiete,

b) Verkauf an Private:
  1. Gasmesser
    a) bis f) verschiedene Absatzgebiete,
  2. Privatlaternen
    a) bis e) verschiedene Absatzgebiete,

c) Verkauf an Gemeinden usw.
  1. bis 4. verschiedene Gemeinden usw.,

d) Motorengas:
  1. Gas für gewöhnliche Gasmotoren,
  2. Gas für Reservemotoren usw.,

e) Gaswerkselbstverbrauch
  1. Verwaltung,
  2. Betrieb inkl. Druckstation,
  3. Magazin und Werkstätte,
  4. Verkaufslokale
    a) Verkaufslokal a,
    b) Verkaufslokal b,
  5. Versuchslokal (für Versuche),
  6. Wacht- und Laternenwärterlokal,
  7. Verschiedenes,

f) Wasserwerkselbstverbrauch:
  1. bis 3. Reservoir I bis III,
  4. Maschinenhauspumpwerk,
  5. Verschiedenes.

I B. Verschiedene Einnahmen:

a) Verwaltung
  1. Gehaltsanteile: Rückvergütungen,
  2. Bureaukosten usw.
    a) Mandatspesen, Porti, Betreibungsspesen, Kursdifferenzen usw.,
    b) Telephongebühren,
    c) Trambahnabonnements,
    d) Verschiedenes,
  3. Mahngebühren,
  4. Verschiedenes (Pläne usw.),

b) Krankenunterstützung und Unfallversicherung:
   1. Rückvergütungen von Kranken,
   2. Rückvergütungen von der Unfallversicherung,
   3. Verschiedenes,

c) Werkunterhalt:
   1. Beitrag der Gemeinde für Laternenunterhalt,
   2. Verschiedenes,

d) Rückzahlung für ausgeführten Rangierdienst,

e) Elektrizitätswerk: Miete für Benutzung von zwei Adern des Schwachstromkabels,

f) Gasmessermiete,

g) Verschiedenes.

I C. Installationsgeschäft.

Ausgaben:

I A. Verwaltung (allgemeine Unkosten):

a) Besoldungen
   1. Gehalte an Beamte und Angestellte,
   2. Löhne an Standaufnehmer und Inkasso,
   3. Löhne an Ausläufer und Telephonist,
   4. Verschiedenes (Aushilfen usw.),

b) Bureaukosten, Beleuchtung, Heizung und Reinigung:
   1. Bureaukosten (Formulare, Schreibmaterialien, Buchbinderkosten, Marken, Porti, Telegramme, Betreibungsspesen, Mandatspesen usw.),
   2. Erneuerung und Unterhalt von Bureaumobiliar,
   3. Erneuerung und Unterhalt der Bibliothek:
      a) Bibliothek im Verwaltungsgebäude,
      b) Wohlfahrtsbibliothek am Gaswerk II,
   4. Telephonabonnements und Gesprächstaxen,
   5. Trambahnabonnements und Reiseauslagen,
   6. Beleuchtungskosten (Gaskonsum, Glühkörper usw.),
      a) Verwaltungsbureau,
      b) Bureau im Gaswerk II,
   7. Heizung und Reinigung der Verwaltungslokalitäten und Laternenwärterlokale,
   8. Heizung und Reinigung der Bureaus und Lokalitäten im Gaswerk,
   9. Verschiedenes (Pläne usw.),

c) Mietzins für die Verwaltungslokalitäten,

d) Krankenunterstützung und Unfallversicherung
   1. Für Gas- und Wasserwerkspersonal:
      a) Arbeitslöhne an Kranke,
      b) Freiwillige Beiträge, Arzt, Apotheke und Verschiedenes an Kranke,

c) Jahresprämie an die Unfallversicherungsgesellschaft,
d) Arbeitslöhne und Unfallentschädigungen,
e) Arztkosten, Apotheke usw. für Unfälle,
f) Verschiedenes betr. Unfälle,
g) Untersuchungskosten für neu eingetretene Arbeiter,

2. Gehalte an Beamte und Angestellte bei längerer Krankheit,

e) Personalhilfskasse,

f). Militärlöhne, Feuerwehrersatz usw.:

1. Militärlöhne für das Betriebspersonal,
2. Feuerwehrersatz,
3. Löhne ohne entsprechende Leistungen,
4. Festtagsgeschenke,
5. Pikettdienst und Nachtwache,
6. Löhne bei Konferenzen mit dem Arbeiterpersonal,
7. Kinderzulage,
8. Invaliditäts- und Sterbegelder,
9. Samstagabendlohn,
10. Verschiedenes,
11. Verpflegungskosten für die Nachtschicht,

g) Assekuranzen und Steuern:

1. Assekuranz- und Häusersteuer der Fabrikgebäude,
2. Mobiliarassekuranzen,
3. Gemeindesteuern,
4. Versicherung gegen Schaden an Drittpersonen,

h) Verschiedenes.

I B. Werkunterhalt:

a) Unterhalt der Fabrikgebäude und Verwaltungslokale

1. Verwaltungsbureau und Laternenwärterlokale,
2. Behälterstation n_1,
3. Gaswerk II,
4. Druckstation und Behälterstation n_2,

b) Unterhalt der Apparate, Maschinen und Speiseleitung:

1. Bahnanlage ohne Lokomotive,
2. Apparate, Werkleitungen, Dampf-, Wasser- und Manometerleitungen,
3. Kompressoren im Gaswerk II,
4. Behälterstation,
5. Kohlen- und Kokstransportanlage inkl. Rinne und Kohlenbrecher,
6. Retortenöfen,
7. Wassergasanlage,
8. Dampfmaschinen, Lokomotive, Transmissionen usw.,
9. Elektrische Zentrale, Transformatoren, Leitungen und Kabel,
10. Motoren inkl. Sicherungen und Anlasser,
11. Pumpen und Reservoire samt Teer- und Ammoniakleitungen,
12. Koksaufbereitung ohne Rinne und Motoren,

13. Destillationsapparate für Ammoniak,
14. Werkzeugmaschinen,
15. Gaszeigerapparate und Privattelephone,
16. Motor- und Gebläsedruckstation n und Behälter in Station n_2,
17. Speiseleitung inkl. Siphonpumpen an derselben,
18. Verschiedenes,

c) Unterhalt der öffentlichen Laternen:
1. Arbeitslöhne vom Werkpersonal (inkl. Reinigerlöhne),
2. Erd- und Grabarbeiten,
3. Reparaturen und Ersatz der Uhren,
4. Reparaturen und Ersatz:
   a) Kandelaber, Konsolen, Laternen und Leitungsmaterial,
   b) Glühkörper, Zylinder,
   c) Brennerersatz, Brennerbestandteile,
5. Verschiedenes,

d) Unterhalt des Rohrnetzes:
1. Arbeitslöhne vom Werkpersonal (inkl. Siphonpumpen),
2. Erd- und Grabarbeiten,
3. Material (inkl. Spiritusverdampfung,
4. Verschiedenes (Spesen u. dgl.),
5. Kanalisation:
   a) Rohrbrüche zufolge Kanalisation,
   b) Leitungsumlegungen zufolge Kanalisation,

e) Unterhalt der Werkzeuge und Geräte
1. Werkzeuge
   a) Arbeitslöhne vom Werkpersonal,
   b) Material und Reparaturen,
   c) Verschiedenes,
2. Geräte:
   a) Arbeitslöhne vom Werkpersonal,
   b) Material und Reparaturen (inkl. Ofengeräte),
   c) Verschiedenes,
3. Eichlokal: Beleuchtung, Material usw.,

f) Unterhalt der Gasmesser, Zu- und Steigleitungen
1. Gasmesser
   a) Arbeitslöhne vom Werkpersonal,
   b) Gasmesserreparaturen,
   c) amtliche Nacheichung und Spesen,
   d) Verschiedenes,
2. Zu- und Steigleitungen
   a) Arbeitslöhne vom Werkpersonal,
   b) Erd- und Grabarbeiten,
   c) Material,
   d) Verschiedenes,

g) Verschiedenes

1. Portier und Nachtwächter,
2. Reinigungsarbeiten im Gebäude, Hof-, Straßen- und Schmutzwasserleitung,
3. Unterhalt des Bahngeleises in Station n_1 inkl. Geleisepacht,
4. Versuche mit Neuerungen in der Gasverwendung,
5. Verschiedenes,
6. Lagerplatz.

I C. Betrieb:

a) Vergasungsmaterial

1. Steinkohlen
   a) Saarkohlen,
   b) Ruhr- und englische Kohlen,
   c) Zusatzkosten,
   d) Transport in den Schuppen,
   e) Magazinierungskosten (Ausladen und Schichten),
   f) Verschiedenes (inkl. Wagenmiete für Kohlenwagen),
2. Gaskoks für Wassergas,
3. Gasöl für Wassergas,
4. Verschiedenes (inkl. Benzol für Karburierapparat,

b) Heizmaterial

1. Gaskoks für Retortenheizung,
2. Gaskoks für Kesselheizung im Pumpwerk (inkl. Heizerlöhne. Zins und Amortisation),
3. Gaskoks für Bassinheizung
   a) im Werk,
   b) in der Behälterstation n_1 inkl. Koks für Karburierapparat.
   c) in der Behälterstation n_2,
4. Verschiedenes (Reglerhaus),

c) Betriebsausgaben

1. Betriebslöhne
   a) Bedienung der Retorten,
   b) Bedienung des Wassergasapparates,
   c) Bedienung der Maschinen und Apparate,
   d) Bedienung der Reiniger,
   e) Bedienung der Gasbehälterstation und Telephonzentrale,
   f) Bedienung der Druckstation n und Behälterstation n_2,
   g) Transportkosten der Kohlen vom Schuppen bis zu den Öfen inkl. Motorenwärter,
2. Löhne für Laternenbedienung (ohne Reinigerlöhne),
3. elektrischer Strom für Kraft und Beleuchtung,
   a) Motorenstrom,
   b) Lichtstrom,
   c) Ersatz von Glühlampen, Sicherungen usw.,

4. Putz- und Schmiermaterial
   a) im Ofenhaus, Kohlenschuppen und Lokomotive,
   b) im Maschinen-, Apparaten-, Reiniger- und Gasmesserhaus
   c) für Koksaufbereitung und Ammoniakdestillation,
   d) für Wassergasanlage,
   e) in der Werkstätte,
   f) in der Druckstation n und Behälterstation n_2,
   g) im Wohlfahrtsgebäude,
   h) in der Behälterstation n_1,
5. Beleuchtungskosten (Gaskonsum, Glühkörper, Bedienung usw.),
   a) Werkbeleuchtung,
   b) Millenniumbeleuchtung,
   c) Koksschuppen,
   d) Wassergasanlage,
   e) Werkstätte im Gaswerk II,
   f) Wohlfahrtsgebäude,
   g) Behälterstation n_1,
   h) Verschiedenes (Wacht- und Laternenwärterlokal, Behälstation n_2),
6. Verschiedenes
   a) Wasserverbrauch im Werk,
   b) Wasserverbrauch in der Behälterstation,
   c) Gasverbrauch, Motordruckstation n,
   d) Wohlfahrtseinrichtungen,
   e) Laboratorium,
   f) Verschiedenes,
7. Rangierdienst x bis y und umgekehrt.

II. Kokskonto.

Einnahmen.

II A. Koksertrag:
   a) Koksverkauf an Kunden,
   b) Koksverbrauch in den eigenen Werken
      1. Gaswerk,
      2. Wasserwerk,
   c) Schlacken,
   d) Verschiedenes.

Ausgaben.

II A. Koksaufbereitung und Spedition:
   a) Arbeitslöhne für Aufbereitung und Aufladen
      1. im Werk,
      2. in der Station n_1,
   b) eigentliche Frachtspesen,

c) Transportkosten ins Haus
1. im Gaswerk II,
2. in der Station n_1,
d) Mietzins für Absonderungsstallungen,
e) Verschiedenes (Anschaffung von Material zur Aufbereitung und Spedition),
f) Unterhalt des Koksschuppens in n_1 (Heizung, Reinigung und Beleuchtung),
g) Unterhalt der Rollbahnanlage vom Gaswerk zum Pumpwerk im Gaswerk II,
h) Ankauf von Koks,
i) Vorräte.

III. Nebenprodukte-Konto.

Einnahmen.

III A. Teerertrag:
a) Kohlenteer,
b) Ölteer,
B. Ammoniakertrag,
C. Zyanschlammertrag.
D. Erlös aus alter Reinigungsmasse.
E. Verschiedenes (Graphit, Pech usw.).

Ausgaben.

III A. Teerproduktion:
a) Arbeitslöhne,
b) Ankauf von Anthrazenöl,
c) Spesen, Frachten,
d) Vortrag, Vorräte.
B. Ammoniakproduktion:
a) Arbeitslöhne,
b) Material,
c) Spesen, Frachten,
d) Vortrag, Vorräte.
C. Zyanschlammproduktion:
a) Arbeitslöhne,
b) Ankauf von Eisensulfat,
c) Spesen, Frachten,
d) Vortrag, Vorräte.
D. Ankauf von Gasreinigungsmasse:
a) Reinigungsmasse,
b) Spesen und Frachten.
E. Verschiedenes:
a) Vortrag, Vorräte,
b) Verschiedenes.

IV. Angestellten- und Arbeiterhäuser.

Einnahmen:

IV A. Miet- und Pachtzinse:

a) Wohnhäuser des Gaswerkes I
  1. bis 6. verschiedene Wohnhäuser,
b) Wohnhäuser des Gaswerkes II
  1. bis 5. verschiedene Wohnhäuser,
c) Liegenschaft:
  1. Wirtschaft,
  2. Pächter,
  3. Verschiedenes (Ortertrag),
d) Wohnhäuser des Wasserwerkes I
  1. bis 3. verschiedene Wohnhäuser,
e) Wohnhäuser des Wasserwerkes II
  1. Maschinenmeisterhaus.

Ausgaben:

IV A. Unterhalt:

a), b), c), d) wie oben,
e) Wohnhäuser des Wasserwerkes II:
  1. Maschinenmeisterhaus,
  2. Gemüsegartenanlage,
  3. Straßen- und Hofanlagen.

IV B. Assekuranz und Häusersteuern:

a) Wohnhäuser des Gaswerkes
  1. bis 3. in verschiedene Lagen,
b) Wohnhäuser des Wasserwerkes
  1. bis 4. in verschiedenen Lagen.

V. Installationskonto.

A. Einnahmen:

a) aus Installation für dritte Rechnung,
b) aus Barverkäufen:
  1. Magazin,
  2. bis 5. verschiedene Verkaufsstellen,
c) aus Materialabgaben an die eigenen Betriebe:
  1. für Werkunterhalt, Betrieb und Bau,
  2. für Neuinstallation und Unterhalt von Magazin und Ladeneinrichtungen,
d) verschiedene Einnahmen:
  1. Rückvergütungen der Unfallversicherung,
  2. Verschiedenes.

B. Ausgaben.

a) für Material:
   1. Ankauf,
   2. Retour von eigenen Betrieben,

b) Frachten, Zölle, Fuhrlöhne usw.,

c) Telephon, Tram und sonstige kleine Spesen,

d) Heizung, Beleuchtung und Reinigung,

e) Verschiedene Kostenanteile
   1. Mietzins,
   2. G'eisepacht und Unterhalt,
   3. Unterhalt, Werkzeuge und Geräte,
   4. Feuerversicherung, Waren und Mobiliar,
   5. Bureauunkosten,

f) Besoldungen,

g) Löhne:
   1. Magazinpersonal,
   2. Installationspersonal:
      a) Installationen,
      b) Werkstattarbeit,

h) Krankenunterstützung und Unfallversicherung:
   1. Arbeitslöhne an Kranke,
   2. Freiwillige Beiträge, Arzt, Apotheke,
   3. Unfallversicherungsprämien,
   4. Arbeitslöhne und Unfallentschädigungen,
   5. Arzt, Apotheke usw. für Unfälle,
   6. Verschiedenes betr. Unfälle,
   7. Untersuchungskosten für neu eingetretene Arbeiter,
   8. Gehalte an Beamte und Angestellte bei längerer Krankheit,

i) Militärlöhne, Feuerwehrersatz u. dgl.:
   1. Militärlöhne und Feuerwehrersatz,
   2. Festtagsgeschenke, Ferien- und Samstagabendlöhne,
   3. Invaliditäts- und Sterbegelder,

k) Beiträge an die Personalhilfskasse,

l) Reparieren, Auffrischen und Veredeln von Material,

m) Stromverbrauch des Werkstattmotors in Station n_1,

n) Unterhalt der Magazin- und Ladeneinrichtungen,

o) an Dritte zu verrechnende Ausgaben,

p) Verschiedenes.

Beispiel b).

Schema zur Hilfsbuchführung.

I. Retortenhaus I:
- a) Öfen (Maurer- und Schlosserarbeit),
- b) Kohlenbrecher und Transport,
- c) Lade- und Stoßmaschine,
- d) Brouwersche Rinne,
- e) Kokstransportwerk,
- f) Gebäude,
- g) Schlackenstangen und Geräte,
- h) Fahrstühle und Sonstiges.

II. Retortenhaus II:
- a) Öfen: 1. Schrägretortenöfen,
  2. Vertikalöfen,
- b) Kohlenbrecher und Transport,
- c) Kohlenbehälter,
- d) Brouwersche Rinne,
- e) Kokstransportwerk,
- f) Gebäude,
- g) Schlackenstangen und Geräte,
- h) Fahrstühle und Sonstiges.

III. Kondensation I:
- a) Kühler,
- b) Exhaustoren und Regler,
- c) Teerwäscher,
- d) Ammoniakwäscher,
- e) Pumpen und Leitungen,
- f) Gebäude,
- g) Sonstiges.

IV. Kondensation II:
- a) Kühler,
- b) Exhaustoren und Regler,
- c) Teerwäscher,
- d) Ammoniakwäscher,
- e) Pumpen und Leitungen,
- f) Teerzentrifugen,
- g) Gebäude,
- h) Sonstiges.

V. Reinigung:
- a) Kästen,
- b) Wender und Zubehör,
- c) Gebäude,
- d) Sonstiges.

VI. Regulierung:

a) Gasuhren,
b) Regler,
c) Gebäude,
d) Sonstiges.

VII. Gasbehälter.

VIII. Kohlentransportanlage:

a) Krananlage am Ufer,
b) Seilbahn (Hängelowries),
c) fahrbare Brücke mit Greifer,
d) Transportwagen,
e) Wiegevorrichtungen,
f) Uferarbeiten,
g) Kohlenplatzreparaturen,
h) Sonstiges.

IX. Pumpenstation und Behälterturm:

a) Wasserhebepumpen,
b) Wasserpreßpumpen,
c) Akkumulatoren,
d) Behälter,
e) Gebäude,
f) Sonstiges.

X. Kesselhaus I:

a) Dampfkessel:
   1. Cornwallkessel,
   2. Röhrenkessel,
b) Dampfleitungen,
c) Wasserreinigung,
d) Pumpen,
e) Dampfmaschine und Gebläse,
f) Gasmotor,
g) Gebäude,
h) Sonstiges.

XI. Kesselhaus II:

a) Dampfkessel:
   1. Kombinierte Kessel,
   2. Röhrenkessel,
b) Dampfleitungen,
c) Wasserreinigung,
d) Pumpen,
e) Dampfturbinen,
f) Gebäude,
g) Sonstiges.

XII. Elektrische Anlage:
a) Turbodynamos einschl. Kondensatorpumpen,
b) Transformator,
c) Schalttafel,
d) Leitungen,
e) Gebäude,
f) Reparaturen.

XIII. Wassergasanlage:
a) Gebläse einschl. Turbinen,
b) Ölpumpen,
c) Ölmesser,
d) Generatoren,
e) Karburatoren und Überhitzer,
f) Kühler,
g) Teerscheider,
h) Ölbehälter,
i) Gasuhren,
k) Pumpen,
l) Kokstransport,
m) Schlackstangen und Geräte,
n) Gebäude,
o) Sonstiges.

XIV. Versuchsanstalt.

XV. Werkstatt:
a) Schlosserei,
b) Schmiede,
c) Tischlerei,
d) Gasmotor,
e) Gebäude,
f) Sonstiges.

XVI. Lowry- und Schienenreparaturenkosten.

XVII. Ammoniakfabrik.

XVIII. Arbeitergebäude und Baderäume.

XIX. Kokstransportanlage:
a) Elevatoren,
b) Koksmühlen,
c) Verkaufsgeräte.

XX. Dampf und Wasserleitung.

XXI. Neubauten.

XXII. Diverses:
a) Magazin I und Anstalt I,
b) fremde Konten,
c) Beleuchtung,
d) Sonstiges,
e) Krankenkasse,
f) Invalidenversicherung.

Beispiel c).

Schema zur Hilfsbuchführung (Fabrikbuchführung).

A. Betriebslöhne (Etatstitel: Arbeitslöhne usw.):

a) Steinkohlengas:

1. Kohlenfördern,
2. Vergasen,
3. Kondensation (nasse Reinigung),
4. Reinigung (trockene Reinigung),
5. Kraftanlagen,
6. Betriebs- und Überfüll-Exhaustoren,
7. Diverse.

b) Wassergas:

1. Koksfördern,
2. Gasen,
3. Kondensation,
4. Reinigung,
5. Kraftanlagen,
6. Betriebs-Exhaustoren,
7. Diverse.

B. Vertriebslöhne (Etatstitel: Arbeitslöhne usw.):

a) Steinkohlengas:

1. Koks, Breeze usw.,
2. Teer,
3. Ammoniakwasser,
4. Gasabgabe,
5. Diverse,

b) Wassergas:

1. Breeze,
2. Ölteer,
3. Gasabgabe, Gasmesserstände ablesen.

C. Ofenreparatur und Umbau oder Destillationsapparate-Reparatur (Etatstitel: 1. Arbeitslöhne usw. 2. Unterhaltung und Reparatur der Retortenhäuser usw.):

1. Maurerarbeitslöhne und Schuttabfuhr,
2. Gewöhnliches Maurermaterial und Lehm,
3. Schamottesteine, Schamottemehl, Ton,
4. Retorten,
5. Guß- und Schmiedeeisenarbeit inkl. Material,
6. Diverse Arbeiten und Materialien.

D. Betriebsunkosten (Etatstitel: 1. Arbeitslöhne usw. 2. Allgemeine Betriebskosten):

a) Steinkohlengas:

1. Löhne für den Dienst im Verwaltungsgebäude und Beamtenwohnhause,
2. Löhne für Reinigung und Bewachung des Areals,
3. Löhne für Reinhaltung der Betriebsgebäude und Apparate,
4. Diverse Arbeiten und Materialien,
5. Versuche und Versuchsapparate,
6. Brennmaterialien einschl. Transport,
7. Gas- bzw. Elektrizität zur Erleuchtung der Anstalt,
8. Wasserversorgung,
9. Fuhrkostenporto,
10. Städtische Steuern,
11. Staatssteuern,
12. Feuerkassenbeiträge,
13. Beiträge zur Invalidenversicherung, Betr.-Krankenkasse und Lohnzuschüsse,
14. Lohnzahlungen bei Urlaub,

b) Wassergas

1., 3. bis 8. wie oben.

E. Betriebsmaterial (Etatstitel: 1. Arbeitslöhne usw. 2. Allgemeine Betriebskosten):

a) Steinkohlengas

1. deutsche Kohlen,
2. englische Kohlen,
3. Unterfeuerung der Retorten,
4. Brennmaterialien für Dampfkessel einschließlich Transport,
5. Schmiermaterialien,
6. Handschuhe, Putzlappen,
7. Lehm und Sand,
8. diverse Materialien,

b) Wassergas:

1. Koks, Breeze, Asche, Öl,
2. Koks für Generatoren, Brennmaterial für Dampfkesselheizung,
5. bis 8. wie oben.

F. Betriebsgeräte, Reparatur und Neubeschaffung (Etatstitel: 1. Arbeitslöhne usw. 2. Betriebsgeräte und deren Reparatur usw.):

a) Steinkohlengas:

1. Zimmerarbeiten und Holzmaterialien,
2. Schlosser- und Schmiedearbeiten nebst Materialien,
3. Fertig gekaufte Geräte und Utensilien nebst Eichungskosten,
4. Anstricharbeiten und Materialien,

b) Wassergas

1. bis 4. wie oben.

G. Apparatereparatur (Etatstitel: 1. Arbeitslöhne usw. 2. Unterhaltung und Reparatur der Gebäude und Apparate usw.):

a) Steinkohlengas:

1. Transportmittel,
2. Apparate für die nasse Reinigung,
3. Apparate für die trockene Reinigung,
4. Exhaustoren und Regulierungsapparate,
5. Gasbehälterapparate,
6. Kraftanlagen,
7. Allgemeine Betriebsapparate,
8. Telegraphen, Telephon und elektr. Signalanlagen,

b) Wassergas

1. Wassergasapparate.

H. Gebäudereparatur (Etatstitel: Unterhaltung und Reparatur der Gebäude und Apparate usw.):

a) Steinkohlengas:

1. Destillationsgebäude,
2. Kondensationsgebäude, nasse Reinigung,
3. Reinigungsgebäude,
4. Exhaustoren und Regulierungsgebäude,
5. Gasbehältergebäude,
6. Gebäude für die Kraftanlagen,
7. Allgemeine Betriebsgebäude,
8. Magazin- und Werkstattgebäude-Reparatur,

b) Wassergas

1. Baulichkeiten der Wassergasanlage.

I. Unkosten für das Areal, die Be- und Entwässerung und die Beleuchtungsanlage der Anstalt (Etatstitel: Unterhaltung und Reparatur der Gebäude und Apparate usw.):

1. Einfriedungen,
2. Straßen und Plätze in der Anstalt,
3. Be- und Entwässerung,
4. Beleuchtungsanlage,
5. Diverse.

K. Reinigungsmaterialien (Etatstitel: Reinigungsmaterial):

a) Steinkohlengas:

1. Reinigermasse,
2. Sägespäne, Koksasche,
3. Bereitung neuer Masse,
4. Naphthalinwaschöl, Eisenvitriol,

b) Wassergas:

1. Reinigermasse,	am Jahresschluß anteilig zu ermitteln.
2. Sägespäne,	
3. Bereitung neuer Masse,	
4. Naphthalinwaschöl, Eisenvitriol,	

L. Allgemeines Baukonto (Etatstitel für Magazin und Werkstatt):

1. Ziegeln und Klinker,
2. Verblendziegeln und Verblendklinker,
3. Hintermauerungsziegel,
4. Kalk,
5. Zement,
6. Sand, Kies,
7. Dachziegeln, Firstziegeln,
8. diverse Materialien.

M. Kohlenausladen (Etatstitel: Arbeitslöhne usw.):
Einteilung der Titel nach den Sorten und Jahrgängen.

Die vorstehenden Ausführungen und Beispiele über bestehende Einrichtungen zur finanziellen Überwachung bei Gaswerksunternehmen zeigen, daß bei diesen Unternehmen die Bedeutung der finanziellen Überwachung der Betriebswirtschaft für den finanziellen Erfolg vollauf gewürdigt wird und daß im Verfolg dieser Erkenntnis von einer Anzahl von Gaswerksunternehmen entsprechende Überwachungsformen durchgebildet wurden. Aus den gegebenen Beispielen ist auch zu ersehen, daß die Überwachungsformen unter dem Zwange bestehender Einrichtungen eine sehr verschiedenartige Gestaltung erfahren haben, ohne einheitliche Gesichtspunkte geschaffen sind und meist auch nur eine beschränkte Überwachung der Betriebswirtschaft zulassen. Die hohe Bedeutung, welche der betriebswirtschaftlichen Überwachung zukommt, läßt es berechtigt und notwendig erscheinen, die Frage der finanziellen Überwachung bei Gaswerksunternehmen systematisch zu behandeln, um hieraus möglichst eine Form zu gewinnen, die eine allgemeine Berechtigung besitzt, so daß die finanzielle Überwachung der Betriebswirtschaft möglichst bald allgemeine Verwendung bei Gaswerksunternehmen findet und damit die wirtschaftliche Kräftigung des Einzelunternehmens wie der gesamten Gasversorgungsindustrie und der Gasindustrie gefördert und gesichert wird.

II. Abschnitt.

Neue Vorschläge zur finanziellen Überwachung der Gaswerksunternehmen.

1. Die Grundlagen rationeller Überwachungsformen.

Um die Grundlagen rationeller Überwachungsformen für Gaswerksunternehmen zu gewinnen, muß man sich vergegenwärtigen, daß die Gaswerksunternehmen neben einer finanziellen Überwachung des Geschäftsbetriebes einer möglichst vollkommenen Überwachung der industriellen Betriebswirtschaft bedürfen. Während für die Geschäftsüberwachung die Behandlung der gesamten Wirtschaft als in sich geschlossene Einheit und die Ausscheidung der Einnahmen und Ausgaben nach verhältnismäßig wenigen, allgemein zutreffenden Art- und Gegenstandsgruppen ausreichend sein kann, erfordert die rationelle Überwachung der Betriebswirtschaft eine detaillierte Auswertung der **einzelnen Wirtschafts**vorgänge, und zwar in solcher Form, daß die wechselnden absoluten Werte auf gewisse **spezifische** Leistungen bezogen werden können und damit die Wirtschaftlichkeit jeder Betriebsabteilung an Hand der hieraus gewonnenen Werte für die Leistungseinheit verfolgt werden kann. Es handelt sich also bei den vorzuschlagenden Überwachungsformen keineswegs um Detaillierung in eine große Zahl Einnahme- und Ausgabeposten, denen kaum ein engerer Zusammenhang untereinander zukommt, sondern es wird zur Verfolgung der einzelnen Wirtschaftsvorgänge die gesamte Wirtschaft in eine beschränkte Anzahl, und zwar eben die wesentlichen Betriebs- bzw. Wirtschaftsabteilungen zerlegt und innerhalb dieser Gruppen die Wirtschaftsüberwachung mit vollendeter Schärfe durchgeführt. Im Interesse der Einfachheit werden so wenig Gruppen wie irgend möglich ausgeschieden, wobei maßgebend ist, daß die in einer Wirtschaftsgruppe zusammengefaßten Einnahme- und Ausgabeposten mit einem **zutreffenden** und einheitlichen Maßstab gemessen werden können.

a) Auflösung der Gesamtwirtschaft in die Elemente des Wirtschaftsprozesses.

Nach dieser Grundforderung ist die Voraussetzung brauchbarer Überwachungsformen für Gaswerksunternehmen die Auflösung der Gesamtwirtschaft in die Elemente des Wirtschaftsprozesses und dementsprechend die Gliederung der Überwachungsformen nach den gewonnenen Teil-Wirtschaftsgebieten. Nach betriebswirtschaftlichen Grundsätzen zerfällt die Gesamtwirtschaft der Gasunternehmen vor allem in drei Hauptwirtschaftsgebiete, und zwar in:

1. Gasfabrikationsbetrieb, kurz Gaswerksbetrieb;
2. Gasverteilungsbetrieb, kurz Gasvertrieb;
3. Allgemeine Verwaltung.

Zur finanziellen Überwachung ist zunächst jedes dieser Hauptwirtschaftsgebiete als geschlossene Einheit zu betrachten und in Einnahme wie in Ausgabe selbständig zu behandeln. Die näheren Detailausführungen, insbesondere die Durchbildung der Wirtschaftsgruppen innerhalb dieser Hauptwirtschaftsgebiete wird im folgenden Kapitel ausführlich behandelt werden. Hier dagegen sind noch die Grundlagen rationeller Aufwandsunterteilung festzulegen, wie solche das betriebswirtschaftliche Interesse erfordert und im Anschluß hieran die Abschreibungen als wichtiger Teil des unmittelbaren Aufwandes einer eingehenden Erörterung zu unterziehen.

b) Aufwandsunterteilung in Aufwand für Betrieb, Unterhaltung und Anlagenutzung.

Unter voller Wertschätzung, welche die Einnahmen nicht nur vom kaufmännischen, sondern auch vom betriebswirtschaftlichen Standpunkt aus besitzen, und die für die Betriebswirtschaft vor allem in der Erhöhung der Einnahmen durch Verbesserung und Vermehrung der Produkte liegt, muß hervorgehoben werden, daß die Verbesserung der Betriebswirtschaft zum überragenden Teil durch die Verminderung der Ausgaben, des Aufwandes, bestimmt wird. Der Aufwand für die einzelnen Teilwirtschaften muß demzufolge eine Detaillierung erhalten, welche die weitgehendsten Aufschlüsse und klarste Erkenntnis in den diesbezüglichen Fragen ermöglicht. Die einwandfreie Wirtschaftsführung erfordert zur klaren Überwachung des Aufwandes eine strenge Scheidung der Aufwendung für

α) Betrieb,
β) Unterhaltung,
γ) Anlagenutzung.

Die Unterscheidung dieser drei Hauptgruppen, die im folgenden begründet und mit Rücksicht auf die häufig unklare Behandlung umgrenzt werden soll, ist für die Wirtschaftsüberwachung von größter Bedeutung; kaum etwas erschwert die finanzielle Überwachung in höherem Grade als wenn diesbezügliche mangelhafte Auffassungen vorliegen.

ad α). Die sorgfältige Überwachung der Betriebskosten, d. s. die Aufwendungen für den laufenden Betrieb im Gegensatz zu den Unterhaltungskosten, ist infolge der vielgestaltigen Betriebswirtschaft bei Gaswerksunternehmen von nicht geringerer Bedeutung als die der Unterhaltungskosten, die weit häufiger einer sehr weitgehenden Überwachung unterzogen werden. War vielleicht noch vor zwei Jahrzehnten eine ausreichende Übersicht über die Betriebskosten durch eine einfache Überwachung der Löhne möglich, so werden heute die Betriebskosten von zahlreichen Faktoren bestimmt, die sich beim Fehlen systematischer Überwachungsmethoden der ausreichenden Beurteilung entziehen. Die Löhne, besonders im inneren Gaswerksbetrieb, haben ihre ausschlaggebende Bedeutung unter den Betriebskosten trotz der gestiegenen Lohnsätze und der Verkürzung der Arbeitszeit verloren. Durch die weitgehendste Anwendung maschineller Arbeitsweise, die Vervollkommnung der Produktionsprozesse und Anwendung automatischer Einrichtungen wurde die menschliche Arbeitskraft außerordentlich zurückgedrängt und an die Stelle der Bewältigung großer Massen durch die physische Menschenkraft ist die geistige Qualitätsarbeit getreten. Anderseits liegen die Lohnaufwendungen für die Bedienung der Maschinen und sonstigen maschinellen Einrichtungen vielfach fest und zwar ohne Rücksicht auf die Leistungen der Einrichtungen, so daß die Dispositionen der unmittelbaren Betriebsleitung sich vor allem auf die Erzielung der mehr oder minder wirtschaftlichen Ausnutzung der Anlagen und Arbeitskraft richten müssen, was wiederum vollste Klarheit über die wirtschaftlichen Leistungen der Einrichtungen erfordert. Es genügt also auch nicht, die Betriebskosten in ihrer Gesamtheit kennen zu lernen; die Betriebskosten müssen detailliert nach den einzelnen

Wirtschaftsgruppen nachgewiesen werden, wie das später im Detail noch ausgeführt wird.

Im Gegensatz zum Lohnaufwand ist mit der Aufnahme der maschinellen und automatischen Einrichtungen der Aufwand für die sogenannten Betriebsmaterialien wie Verbrauchsmaterialien ungeheuer gewachsen. Der Verbrauch an Putz-, Schmier-, Packungs- und Dichtungsmaterialien, wie der Aufwand für Strom, Dampf, Wasser, Beleuchtung sind bestimmend auf die Betriebskosten geworden. Eine scharfe Überwachung des Verbrauches aller dieser Materialien und Betriebsmittel ist unbedingtes Erfordernis, wenn die Betriebskosten auf einem Minimum gehalten und Verschleuderung, schlechte Ausnutzung und ungeeignete Verwendung hintangehalten werden sollen. Nur durch systematische Ordnung ist es möglich, neben geeigneter Lohnverbuchung den Aufwand der zahlreichen Materialien zu buchen und finanziell auszuwerten, um jederzeit einen vollkommenen Einblick in den wirtschaftlichen Wert der einzelnen Einrichtungen und Betriebsabteilungen zu gewinnen. Die rege Entwicklung in den technischen Einrichtungen gibt der systematischen Wirtschaftsüberwachung erhöhte Bedeutung, denn sie allein gibt den Aufschluß über den Wirtschaftswert n e u e r Einrichtungen und lenkt den Fortschritt auf s i c h e r e Bahnen.

ad β). Für eine geregelte Wirtschaftsüberwachung ist es außerordentlich wichtig, daß die Kosten der Unterhaltung streng gesondert gebucht und weder auf Betriebskosten noch auf Anlage-Nutzungskosten verrechnet werden. Auf Unterhaltung sind alle Aufwendungen zur Erhaltung der ursprünglichen Leistungsfähigkeit einer Anlage bzw. eines Anlageteiles zu rechnen. Die Unterhaltungskosten, die im allgemeinen infolge Abnutzung, aber auch durch plötzliche Schäden an Anlageteilen verursacht werden, unterliegen ihrer Höhe nach sehr großen Schwankungen; würde sonach eine, wenn auch nur teilweise Verrechnung der Unterhaltungs- auf Betriebskosten stattfinden, so wäre damit jeder klare Überblick über die Betriebskosten ausgeschlossen. Eine selbständige und klar zu übersehende Buchung der Unterhaltungskosten ist aber auch zur Überwachung der Unterhaltungskosten an sich von größter Bedeutung, denn die Unterhaltungskosten nehmen bei den entwickelten Betriebsformen mit den zahlreichen, dem raschen Verschleiß ausgesetzten Einrichtungen eine überaus wichtige Stellung unter den gesamten Wirtschaftskosten ein. Außerdem bedürfen die Unterhaltungskosten um so mehr der sorgfältigsten Überwachung, weil sie vereinzelt, bald da, bald dort, auftreten und sich daher die einzelnen Posten nur zu leicht der Aufmerksamkeit entziehen. Die vielgestaltige

Wirtschaft bei Gaswerksunternehmen bedingt ebenso wie bei den Betriebskosten eine detaillierte Überwachung der Unterhaltungskosten nach Wirtschaftsgebieten; die aus früheren Zeiten übernommene summarische Verbuchung der Unterhaltungskosten in solche für Gebäude, Gasöfen, Apparate und Maschinen, Röhrensystem und öffentliche Beleuchtung muß als unzulänglich vollendeteren Formen Platz machen. Die entwickelten Wirtschaftsformen setzen ebenso wie bei den Betriebskosten eine systematische Überwachung der Unterhaltungskosten nach Teilbetrieben voraus, wobei auch hier Löhne, Materialien und besondere Ausgaben für Unterhaltungszwecke gesondert verbucht werden. Nur in diesem Falle ist es möglich, die Überwachung der Unterhaltungskosten mit einer vollkommenen, aber auch unbedingt nötigen Schärfe zu übersehen, die es beispielsweise ausschließt, daß an irgendeiner Einrichtung fortdauernd bedeutende Aufwendungen für Unterhaltung gemacht werden, während ein Ersatz der betreffenden Einrichtung vom wirtschaftlichen Standpunkt längst notwendig gewesen wäre.

Es erscheint wichtig, im Anschluß an die Unterhaltungskosten zur Klarstellung zwischen den Begriffen Unterhaltung und Ersatz Stellung zu nehmen, einer Angelegenheit, die verschiedenartige Behandlung erfährt und einen wesentlichen Anteil an den verschiedenartigen Abschlüssen der einzelnen Unternehmen hat. In der Tat kann es in vielen Fällen zweifelhaft sein, ob eine Anschaffung auf Unterhaltung oder als Ersatz auf ein Anlagekonto zu buchen ist, denn sowohl die Aufwendung für Unterhaltung wie für Ersatz hat den Zweck, die Leistungsfähigkeit bzw. den Nutzungswert eines Anlageteiles zu erhalten. Eine klare Unterscheidung der beiden Begriffe ist jedoch sofort gegeben, wenn man auf Ersatz alle Anschaffungen nimmt, die eine selbständige Nutzungsdauer von mehr als einem Jahr haben und somit der Ertragswirtschaft von zwei und mehr Jahren zur Last zu legen sind. Nach diesem Begriff ergibt sich beispielsweise, daß die Aufwendung für die Beschaffung einer neuen Schleppkette für eine Koksrinne als Ersatz zu buchen ist, während einzelne Glieder, die im Laufe des Jahres eingebaut werden müssen, auf Unterhaltung zu nehmen sind. Ähnlich ist der Anschaffungswert für eine neue Kolbenstange zu einer Ammoniakpumpe als Unterhaltung und die Neubeschaffung einer kompletten Ammoniakpumpe als Ersatz aufzufassen. Eine wesentliche Eigenschaft vieler Ersatzanschaffungen besteht darin, daß dieselben häufig mit einer Verbesserung oder auch mit einer Vergrößerung oder Erweiterung der Anlage verbunden sind, in welchen Fällen natürlich die Ersatzanschaffung mit um so größerer Berechtigung als Wertvermehrung einer Anlage (d. i. Erhöhung des Veräußerungswertes der Anlage, z. B. bei vertragsmäßiger Übergabe eines Gaswerkes von Privat- in städtischen Besitz) einem Anlagekonto zu belasten ist. Eine regelrechte Wirtschaft bedingt, daß bei Ersatzanschaffungen stets der ersetzte Anlageteil auch vollständig abgeschrieben ist bzw. der event. Restwert mit dem Einsetzen des neuen Anlagewertes dem betreffenden Anlagekonto (aus dem Abschreibungskonto) gutgeschrieben wird; nur auf diese Weise wird es vermieden, daß die Ertragswirtschaft mit Abschreibungen für Anlageteile belastet wird, die längst nicht mehr mitarbeiten, wie dies bei summarischer Abschreibung von Gegenstandsgruppen unausbleibliche Folge ist. Diese Forderung bedingt eine detaillierte Anlage und Führung der Anlagekonten, von denen im nächsten Abschnitt noch die Rede sein wird; ohne diese Grundforderung läßt sich eine brauchbare finanzielle Wirtschaftsüberwachung nicht durchführen.

ad γ). Die dritte und letzte der Aufwandsgruppen, die in ihrer Gesamtheit die Wirtschaftskosten umfassen, betrifft die Aufwendungen für Verzinsung und Abschreibung der Anlage, die Anlage-Nutzungskosten.

Auf den ersten Blick erscheint es vielleicht befremdlich, daß Verzinsung und Abschreibung zu den Wirtschaftskosten gerechnet werden; zieht man jedoch in Betracht, daß für die städtischen Gaswerksunternehmen, die mit fremdem Kapital arbeiten, nur der Überschuß über Verzinsung und Abschreibung als Wirtschaftsertrag in Frage kommt und die finanzielle Wirtschaftsüberwachung letzten Endes auf einer vergleichenden »Wirtschaftsrechnung« beruht, die wie jede Rentabilitätsrechnung nur unter Berücksichtigung der Anlage-Nutzungskosten erfolgen kann, so ergibt sich sofort die Notwendigkeit dieser Maßnahme.

Die Bedeutung der Aufwendungen für Zinsen und Abschreibung ist in den letzten Jahrzehnten infolge der stets zunehmenden Anlagekosten für die Leistungseinheit des Gaswerksunternehmens außerordentlich gewachsen; es besteht zunächst auch für die Folge keine Aussicht, daß hierin Stillstand eintreten wird. Die Aufwendungen für Zinsen und Abschreibungen betragen bei vielen Unternehmungen unter Voraussetzung ausreichender Bemessung der Abschreibungen 50 und mehr Prozent der gesamten übrigen Selbstkosten des Gases; es ist daher wohl begründet, diesen wichtigen Teil der Wirtschaftskosten aufs sorgfältigste nachzugehen.

Eine vollendete Überwachung der Kosten für Verzinsung und Abschreibungen ergibt sich aus der detaillierten Überwachung nach Wirtschaftsgruppen, wie diese durch die Grundforderung vorliegender finanzieller Wirtschaftsüberwachung bedingt ist. Durch die detaillierte Ermittlung und Verbuchung der laufenden Aufwendungen für die Anlage, ebenso wie der laufenden Betriebskosten und Unterhaltungskosten, ist nicht nur die Überwachung der Betriebswirtschaft in ihren Teilen durch vergleichende Wirtschafts- oder Rentabilitätsrechnung in brauchbarer Form erst möglich, sondern sie allein sichert die richtige Ermittlung dieses ausschlaggebenden Anteils unter den Wirtschaftskosten, wenigstens soweit sich dies auf die Abschreibung bezieht. Es steht dies allerdings in direktem Gegensatz zu der herrschenden Übung, nach welcher die Abschreibung nach festen Sätzen für die großen Gegenstandsgruppen, Gebäude, Apparate und Maschinen usw. erfolgt.

Werden nach diesem Gebrauch z. B. die Maschinen eines Gaswerkes mit 10% abgeschrieben, so entspricht dies keineswegs der wahren Entwertung, die doch durch die Abschreibung erfaßt werden soll. Abgesehen von dem Umstande, daß natürlich die verschiedenen Arten von Maschinen, Apparaten usw. eine sehr verschiedene Lebensdauer haben, die sich nicht bloß auf die meist allein ausgeschiedenen Retortenöfen bezieht, so ist natürlich die Abschreibung auch wesentlich von der Lebensdauer des Anlageteiles abhängig, in welchen die Gegenstände eingebaut werden. Die Gaswerksbetriebe z. B. haben längst nicht mehr die gleichbleibende Gestaltung, die sie durch Jahrzehnte hindurch bewahrt haben; die überaus rege Entwicklung bringt es mit sich, daß öfter ganze Anlagegruppen in kurzer Folge eine Umgestaltung erfahren und neuen Anlagen Platz machen müssen, die erhöhte Wirtschaftlichkeit versprechen. Aus diesem Grunde, wie mit Rücksicht auf die vorbesprochene detaillierte Wirtschaftsüberwachung ist es erforderlich, daß die Abschreibung detailliert nach einzelnen Anlageteilen und spezialisiert nach Wirtschaftsgruppen erfolgt.

Das vielumstrittene Gebiet der Abschreibungen und die häufige Verkennung der großen Bedeutung derselben für das wirtschaftliche Gedeihen eines Unternehmens gibt mir Veranlassung, im Anschluß hieran auch einige allgemeine Ausführungen über Abschreibungen anzuschließen.

c) Die Abschreibung als wichtiger Teil des unmittelbaren Aufwandes.

Die Abschreibung stellt als Abzugsposten den Ausgleich für die Entwertung an Anlagen und Gegenständen her, sei dieselbe durch Abnutzung, Altern oder durch sonstige Ursachen herbeigeführt. Die

Abschreibung bedingt also, daß ihre Höhe der »wirklichen« Wertverminderung entspricht, wobei »wirklich« im Sinne der höchst erreichbaren Genauigkeit aufzufassen ist. Naturgemäß beruhen alle errechneten Wertverminderungen auf Annahmen, vor allem auf der Annahme über die voraussichtliche Lebens- bzw. Benutzungsdauer eines Gegenstandes; insofern besteht also immerhin ein weiter Spielraum für die »Richtigkeit« einer angesetzten Abschreibung. Aus der Erfahrung haben sich für die Ansetzung der Abschreibung gewisse Normen ausgebildet, darüber hinaus aber beruht die Festsetzung auf sachverständigem Urteil. Mit schärfster Gewissenhaftigkeit muß der Sachverständige die Entwertung zu treffen suchen; jedes Bestreben der Überschätzung wie der Unterschätzung muß ihm fern liegen. Vor allem möchte ich hier zur Frage der Abschreibung vom Buchwert oder vom Anschaffungswert Stellung nehmen. Von vornherein muß hierbei festgelegt werden, daß die Abschreibung vom Buchwert vom Standpunkt der Richtigkeit ausscheidet; ein Blick auf die folgenden zwei Diagramme entscheidet in dieser Beziehung. Um den Unterschied zwischen der Abschreibung vom Anschaffungswert und derjenigen vom Buchwert klar zu kennzeichnen, ist in dem Diagramm A mit der Geraden $a\, b\, m_1\, c$, welche den Verlauf einer 10 proz. Abschreibung vom Anschaffungswert bis auf einen Restwert von 10% nach neun Jahren darstellt, die Kurve $a\, m_2\, d$ in Vergleich gezogen, welche bei einer prozentual gleichbleibenden Abschreibung vom Buchwert nach ebenfalls neun Jahren einen Restwert von ca. 10% aufweist. Diese Kurve $a\, m_2\, d$ entspricht einer Abschreibung vom jeweiligen Buchwert mit ca. 22,5%. Ein Vergleich der beiderseitigen Abschreibungsverfahren ist nur auf dieser Grundlage möglich, da die Kurve $a\, m_2\, d$ (Abschreibung vom Buchwert) asymptotisch zur Zeitachse verläuft und z. B. nach dem zehnten Jahr, wenn beim Abschreibungsverfahren vom Anschaffungswert der Wert Null erreicht ist, noch einen Wert von 7,8% aufweist. Ohne zunächst auf die Höhe der zwei vergleichbaren Abschreibungssätze (10% und 22,5%) näher einzugehen, sei vorläufig nur auf den Verlauf der Wertverminderung bei den zwei verschiedenen Verfahren hingewiesen. Die jährlich gleichbleibende Abschreibung vom Anschaffungswert kommt der tatsächlichen Wertverminderung ohne Zweifel in den meisten Fällen sehr nahe und ist weit »richtiger« als der Verlauf der Wertverminderung, der durch die Kurve $a\, m_2\, d$ dargestellt ist. Die außerordentlich rasche Abschreibung in den ersten Jahren, die sich bei der Abschreibung vom Buchwert ergibt und die im vorliegenden Beispiel zur Abschreibung des halben Anschaffungswertes noch vor den drei ersten Jahren führt (m_2) ist durch die tatsächlichen Verhältnisse in keiner Weise begründet. Im Gegenteil, die tatsächliche Wertverminderung, z. B. einer Maschine, wird in den ersten Jahren, so lange die Maschine noch verhältnismäßig neu ist, sogar langsamer als in allen folgenden Jahren sein, wodurch sich eine Kurve ergeben würde, die noch über der Geraden $a\, m_2\, c$ verläuft. Aus dieser einfachen Überlegung geht bereits hervor,

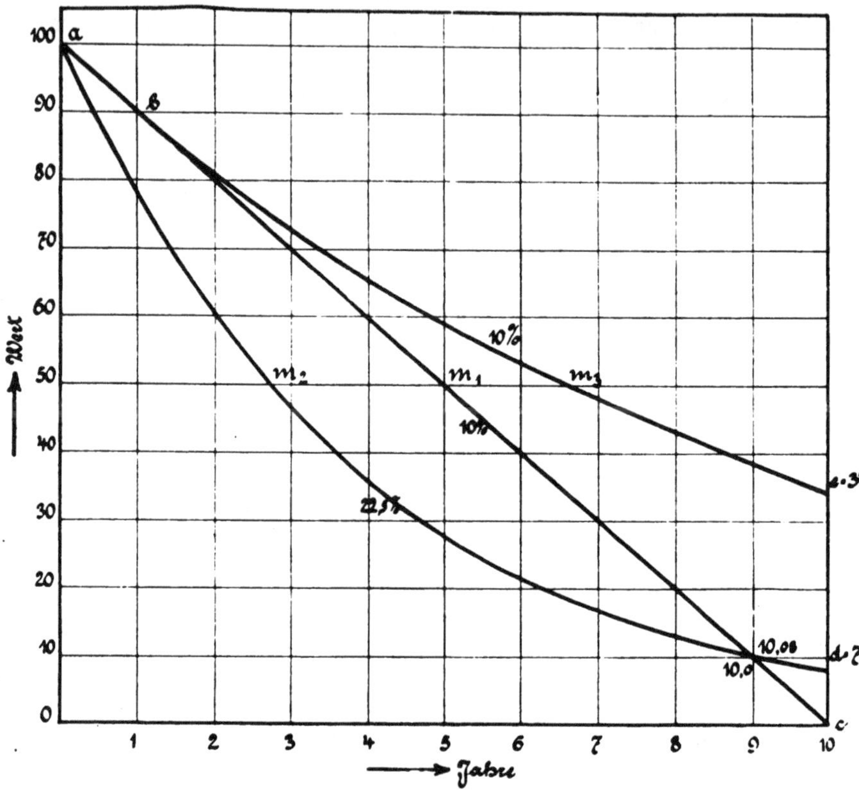

Diagramm A.

daß die Abschreibung vom Anschaffungswert nach der Geraden $a\, m_1\, c$ eine sehr brauchbare mittlere Linie darstellt, die in den meisten Fällen der tatsächlichen Wertverminderung am nächsten kommt. Ganz ähnliche Verhältnisse zeigt das Diagramm B, bei dem eine 5proz. Abschreibung vom Anschaffungswert mit einer 15proz. Abschreibung vom Buchwert in Vergleich gezogen ist, da in beiden Fällen gegen Ende der Abschreibungszeit annähernd gleiche Restwerte (nach dem 19. Jahr 5 bzw. 4,6%) erzielt werden. Dieses Beispiel zeigt noch deutlicher wie das vorhergehende, zu welchem unwahren Verhältnisse das Abschreibungsverfahren vom Buchwert führt. Bereits nach ca. vier Jahren ist beim Buchwertverfahren die Hälfte des Kapitals abgeschrieben, obwohl die Nutzungsdauer zu 20 Jahren angesetzt ist.

Nun zum zweiten Teile der Betrachtungen über Abschreibungen. Einer 10 bzw. 5proz. Abschreibung vom Anschaffungswert entspricht

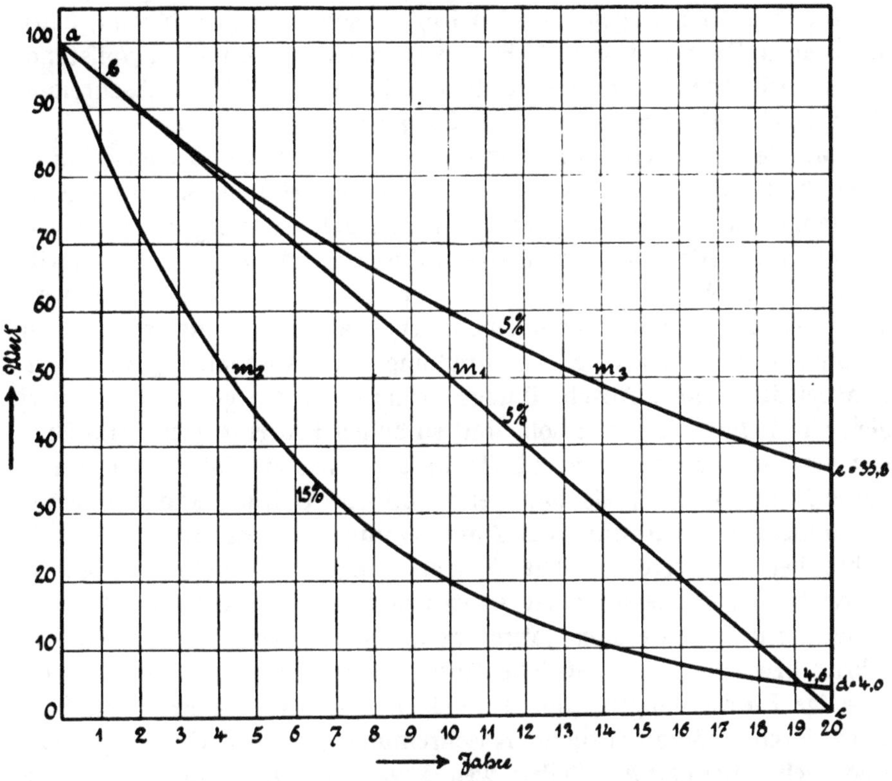

Diagramm B.

eine 22,5 bzw. 15proz. Abschreibung vom Buchwert. Wo werden so hohe Sätze beim Buchwertverfahren in Anwendung gebracht, wo werden 22,5% bzw. 15% vom Buchwert abgeschrieben, wenn auf Grund reiflicher Überlegung eine 10 bzw. 20jährige Nutzungsdauer angenommen ist? Die Gefahr liegt sehr nahe und die Praxis beweist es, daß in außerordentlich vielen Fällen der aus der Überlegung und Abschätzung der Lebens- bzw. Nutzungsdauer ermittelte Prozentsatz für die Abschreibung vom Anschaffungswerte einfach auf die Abschreibung vom Buchwert übertragen wird. Geschieht dies, so ergibt sich daraus eine derartig ungenügende Abschreibung, daß diese geradezu eine wirtschaftliche Gefahr bedeutet. In den beiden Diagrammen ist der geschilderte Vorgang durch die Kurven $a\,b\,m_3\,e$ versinnlicht; nur nach dem ersten Jahr (Punkt b) ist die Abschreibung in diesem Falle ausreichend und deckt sich mit der Abschreibung vom Anschaffungswert; in der ganzen übrigen Zeit ist die Abschreibung in stetig steigendem Maße zu gering. Im Beispiel A hat ein Gegenstand bei 10% Abschreibung nach zehn Jahren noch einen Buchwert von 34,8%, während der Wert doch vollständig abgeschrieben sein sollte; desgleichen im Beispiel B bei 5% Abschreibung einen Buchwert von 35,8% nach 20 Jahren.

Mit der in vielen Industriezweigen aufgegriffenen Organisation der Wirtschaftsüberwachung wird auch der Abschreibung, die mit seltenen Ausnahmefällen meist noch immer vom Buchwert vorgenommen wird, erhöhte Aufmerksamkeit mindestens durch Erhöhung der Prozentsätze zugewendet. Wie aber die obigen Beispiele zeigen, müssen die Prozentsätze bei Abschreibung vom Buchwert zwei- bis dreimal so hoch angenommen werden als bei Abschreibung vom Anschaffungswert, wenn sich bei den beiden Abschreibungsverfahren in den gleichen Zeiten ein gleicher Endwert ergeben soll. Mit so hohen Prozentsätzen beim Buchwertverfahren zu rechnen, dürfte in den meisten Fällen sehr schwer halten, um so mehr, als dann erst voll zur Geltung kommen würde, wie außerordentlich stark bei Abschreibung vom Buchwert die ersten Jahre belastet werden. Die Abschreibung vom Buchwert stellt bei ausreichender Bemessung der Prozentsätze durch die hohen Abschreibungslasten in den ersten Jahren geradezu ein Hemmnis für den Fortschritt bzw. die wirtschaftliche Entwicklung eines Unternehmens dar. Etwaige Einwendungen, daß ungenügende Abschreibungen vom Buchwert durch außerordentliche Abschreibungen wieder Deckung finden, sind nicht stichhaltig. Selbst wenn, was im allgemeinen nicht anzunehmen ist, außerordentliche Abschreibungen in solcher Höhe vorgenommen werden, daß diese mit den ordentlichen Abschreibungen zusammen die durch die tatsächlichen Wertverminderungen bedingten Mußabschreibungen erreichen, ist eine solche Methode der Abschreibung zu verwerfen, da sie zu Täuschungen Anlaß gibt. Werden außerordentliche Abschreibungen in solcher Höhe gemacht, so sieht der Außenstehende darin stille Reserven, was aber durchaus nicht der Fall ist. Ich bin überzeugt, daß derartige Überlegungen in wachsendem Maße dazu führen werden, dem Abschreibungsverfahren vom Anschaffungswert immer mehr Eingang zu verschaffen.

Die Abschreibung vom Anschaffungswert gibt einen klaren Entwertungsverlauf, einfache Ermittlung der Abschreibungssätze, ausreichende Abschreibungen; bei der Abschreibung vom Buchwert ist der Entwertungsverlauf ein durchaus willkürlicher, es werden die ersten Jahre außerordentlich belastet, die Abschreibungssätze müssen zwecks ausreichender Bemessung aus einer Tabelle entnommen werden, es besteht die große Gefahr einer ungenügenden Abschreibung und der damit verbundenen wirtschaftlichen Nachteile. Wenn trotz all dieser Unbequemlichkeit, ja direkten Nachteile, die das Abschreibungsverfahren vom Buchwert mit sich bringt, in sehr vielen Fällen noch immer an diesem Verfahren festgehalten wird, so muß nunmehr auch erörtert werden, was für dieses Verfahren geltend gemacht wird. Neben der natürlich nicht haltbaren Begründung, daß das Abschreibungsverfahren vom Buchwert das fast allgemein übliche ist, konzentrieren sich die dem Buchwertverfahren zugesprochenen Vorzüge im wesentlichen auf die Bequemlichkeit in der Anwendung. Bei der üblichen summarischen Abschreibung von den großen Gegenstandsgruppen: Gebäude, Maschinen usw. ist es allerdings besonders bequem, und es erfordert schließlich nur mehr wenige Minuten, den Abschreibungsbetrag für eine derartige Gruppe mit Hilfe des ein für allemal festgelegten Abschreibungssatzes der Gruppe aus dem Endbetrag des betreffenden Anlagekontos am Jahresschluß zu ermitteln. Gründe der Bequemlichkeit können naturgemäß hier nicht maßgebend sein, wo wirtschaftliche Interessen entgegenstehen. Die Wirtschaftskontrolle erfordert aus den verschiedensten Gründen, vor allem zur brauchbaren und einwandfreien Fixierung des Vermögens, zur vergleichsweisen Beurteilung der Wirtschaftskosten und hierbei besonders zur einwandfreien Ermittlung der Abschreibungen, deren hohe Bedeutung für Betriebsunternehmen bereits näher geschildert wurde, eine äußerst klar geordnete Anlagenbuchführung in detaillierten Anlagekonten, die den einzelnen Betriebs- und Wirtschaftsgruppen entsprechen. Neben der richtigen Festsetzung der Abschreibung leistet die Aufstellung detaillierter Anlagekonten die beste Gewähr auch für eine vollständige Ermittlung der Abschreibungen, indem dann den einzelnen Anlagegruppen jede Wertvermehrung durch irgendeinen Gegenstand mit Bequemlichkeit belastet werden kann, die bei der üblichen Behandlung der Anlagekonten nur zu leicht unter Betriebs- oder Unterhaltungskosten verschwindet, besonders dann, wenn der Gegenstand nicht bedeutend genug erscheint, um ihn einer der großen Gruppen, Gebäude, Maschinen usw. zu belasten. Anderseits aber ermöglichen nur die detaillierten Anlagekosten den Abgang aus einer Anlage mit dem wahren Restwert zu gewinnen und dem betreffenden Anlagekonto gutzuschreiben und dadurch auch die Vermögensverhältnisse richtigzustellen.

2. Die Ausführungsformen zur finanziellen Überwachung der Gaswerksunternehmen.

Die kaufmännische Grundform für den finanziellen Abschluß von Gaswerksunternehmen ergibt sich nach vorstehendem wie folgt:

Einnahme.	Ausgabe.
Gas.	— — —
Gaserzeugungsbetrieb.	Gaserzeugungsbetrieb.
Gasverteilungsbetrieb.	Gasverteilungsbetrieb.
Allgemeine Verwaltung.	Allgemeine Verwaltung.
— — —	Reingewinn.

Ein Vergleich dieser Abschlußform mit den in den früheren Abschnitten gegebenen üblichen Abschlußformen zeigt als wesentlichen Unterschied die Dreiteilung in die Hauptbetriebszweige in »Einnahme« und »Ausgabe«, wie diese den Anforderungen zur Überwachung der Betriebswirtschaft entspricht.

a) Überwachung der Einnahmen.

Die sinngemäße Anwendung der entwickelten Grundlagen zur finanziellen Überwachung von Gaswerken führt nun zunächst zu folgender Unterteilung der Einnahme für die Gesamtwirtschaft eines Gaswerksunternehmens.

Schema I.

Schema zur Einnahmeverbuchung von Gaswerksunternehmen.

Gas.

1. Gas für Private:
   - a) Leuchtgas,
   - b) Heizgas.
2. Gas für städtische Gebäude:
   - a) Leuchtgas,
   - b) Heizgas.
3. Gas für die öffentliche Beleuchtung.
4. Gas für den eigenen Bedarf.
5. Gasverlust.

Abt. A. Gaserzeugungsbetrieb.

I. Kohlen:

Erstattungen für Kohlen:

a) Verkauf an Dritte,
b) Selbstverbrauch der verschiedenen Betriebsabteilungen.

II. Nebenprodukte:

1. Koks:

a) Verkaufserlös,
b) Selbstverbrauch.

2. Teer:

α) Steinkohlenteer:

a) Verkaufserlös,
b) Selbstverbrauch,

α) Wassergasteer
Verkaufserlös.

3. Ammoniak

a) Verkaufserlös aus schwefels. Ammoniak,
b) Verkaufserlös aus konz. Ammoniakwasser.

4. Verschiedene Erzeugnisse

a) Verkaufserlös aus Graphit,
b) Verkaufserlös aus Schlacken,
c) Verkaufserlös aus Reinigungsmasse,
d) Verkaufserlös aus Altmaterial.

III. Verschiedenes:

Lieferungen und Leistungen für Neubaukonten,
Lieferungen und Leistungen für Dritte,
Einnahme aus Miete für Dienstwohnungen,
Rückvergütungen für Vorhalten von Werkzeugen und Geräten,
Rückvergütungen für Gehalte aus Neubaukonten,
Rückvergütungen aller Art.

Abt. B. Gasverteilungsbetrieb.

I. Hauptrohrnetzanlage:

Erstattungen für Straßenrohrunterhaltungskosten.

II. Anlage zur öffentlichen Beleuchtung:

Erstattungen für Instandsetzung von Laternen.

III. Privatgasanlagen:

Gasmessermiete,
Miete für Gasautomaten; Miete für Gasapparate,
Erstattungen für Instandsetzung von Gasmessern,
Erstattungen für Instandsetzung von Gasautomateneinrichtungen.

IV. Verschiedenes:

Lieferungen und Leistungen für Neubaukonten,
Lieferungen und Leistungen für Dritte,
Einnahmen aus Miete für Dienstwohnungen,
Rückvergütungen für Vorhalten von Werkzeugen und Geräten,
Erstattungen für Instandsetzung von vermieteten Beleuchtungs-, Koch- und Heizapparaten.

V. Nebenbetriebe:

a) Hausinstallationen,
b) Prüfung und Abnahme von Hausinstallationen,
c) Verkauf von Beleuchtungs-, Koch- und Heizapparaten,
d) Vermietung von Beleuchtungs-, Koch- und Heizapparaten,
e) Übernahme der Instandhaltung von Beleuchtungseinrichtungen.

Abt. C. Allgemeine Verwaltung.

Erstattungen von Portokosten,
Erstattungen von Gerichtskosten,
Sonstige Erstattungen,
Miete für Dienstwohnungen der Abt. »Allg. Verw.«,
Zinsen von vorübergehend angelegten Beständen der Kasse,
Zinseszinsen von hinterlegten Barkautionen,
Verschiedenes an Generalunkosten.

Zur Kontrolle des Gasverkaufes und der sonstigen Verwendung des Gases sind in diesem Schema die Einnahmen aus Gas in der bisher üblichen Weise unterteilt. Die Einnahmegruppen im Gaserzeugungsbetrieb entsprechen mit geringer Abweichung dem bisherigen Gebrauch, wobei auch die Einnahmen aus den verschiedenen Nebenprodukten auseinandergehalten sind. Die Position I dient der Überwachung des Verkaufes und Selbstverbrauches an Kohlen zu anderen als Destillationszwecken, während in Position III unter »Verschiedenes« Rückzahlung und besondere Einnahme für Mieten usw. in klarer Scheidung Verbuchung finden. Wesentliche Unterschiede gegenüber der herkömmlichen Art der Verbuchung zeigt die Unterteilung der Einnahmen für Gasverteilungsbetrieb. Hier sind vor allem die Einnahmen aus den drei wichtigen Betriebsteilen, Hauptrohrnetz, öffentliche Beleuchtung und Privatgasanlagen auseinandergehalten. Damit ist nicht nur eine klare und allgemein zutreffende Übersicht über die diesbezüglichen Einnahmegebiete geschaffen, sondern es ist auch die Möglichkeit gegeben, aus der Gegenüberstellung mit den entsprechenden Hauptaufwandgebieten des Gasverteilungsbetriebes den Gewinn bzw. den Nettoaufwand dieser Abteilungen zu ermitteln. In Gruppe IV sind weiter wie beim Gaserzeugungsbetrieb unter »Verschiedenes« die Rückvergütungen aus anderen Abteilungen, sowie die Einnahmen aus Mieten zusammengefaßt. Die Abteilung V umfaßt die gesamten Nebenbetriebsabteilungen des Gasverteilungsbetriebes, die der Zahl nach stets mehr in Aufnahme begriffen sind und dem Gasverteilungsbetrieb in wachsendem Maße zu größter wirtschaftlicher Bedeutung und einem wichtigen Gebiet technischer und insbesondere kaufmännischer Betätigung verhelfen. Zur Beurteilung der einzelnen Nebenbetriebe, die nicht selten Veränderungen in ihrer inneren Gestaltung erfahren müssen, ist es besonders wichtig, eine klare Gegenüberstellung der Einnahmen und Ausgaben zu besitzen. Die Einnahmenunterteilung der allgemeinen Verwaltung ergibt sich aus dem Behandelten ohne weiteres und es ist vielleicht nur nötig, darauf zu verweisen, daß die Trennung der drei Hauptabteilungen der Gaswerksunternehmungen streng durchzuführen ist und daher z. B. Mieten aus Dienstwohnungen von Beamten der allgemeinen Verwaltung, also meist der Direktion, auch auf diese Abteilung verrechnet werden müssen.

b) Überwachung des Aufwandes.

α) Im Gaserzeugungsbetrieb.

Die sorgfältige Überwachung des Aufwandes bedingt nach den früher gegebenen Grundsätzen zunächst die Aufstellung der Wirtschaftsgruppen innerhalb der einzelnen Hauptabteilungen der Gaswerksunternehmen.

Für den Gaserzeugungsbetrieb ergibt sich als brauchbarste Unterteilung wohl diejenige nach den natürlichen Produktionsabteilungen, denen auch genau bestimmbare Leistungen zukommen und hiernach etwa folgendes Schema:

Schema II.

Die Wirtschaftsgruppen des Gaserzeugungsbetriebes zur Aufwandverbuchung.

a) Kohle:
   Kohlenbeschaffung.

b) Fabrikationsbetrieb:
   I. Kohlenbehandlung,
   II. Gaserzeugung,
   III. Gasbehandlung,
   IV. Gasmessung, Aufbewahrung und Verteilung,
   V. Koksbehandlung.
   VI. Koksvertrieb,
   VII. Teerbehandlung und -Vertrieb,

VIII. Ammoniakwasserbehandlung und -Vertrieb,
IX. Wassergaserzeugung,
X. Laboratorium und Versuchsgasanlage,
XI. Allgemeine Fabrikanlagen:
1. Umfriedung, Plätze, Höfe, Wege, Entwässerungsanlagen usw.
2. Allgemeine Betriebsgebäude (Betriebsgebäude, Feuergeräteschuppen usw.),
3. Wohlfahrtsanlagen (Badeanstalt, Kantine usw.),
4. Wohngebäude.

XII. Allgemeine Werkzeuge und Geräte:
1. Werkzeuge,
2. Geräte.

XIII. Hilfsbetriebe:
1. Fabrikbahn,
2. Dampferzeugungsanlage und Dampfverteilungsanlage.
3. Stromerzeugungsanlage und Stromverteilungsanlage,
4. Wassergewinnungsanlage und Wasserverteilungsanlage,
5. Anlage für städtisches Trinkwasser,
6. Anlage für Gasversorgung des Gaswerkes,
7. Betriebswerkstätten (Anlage und Betrieb),
8. Fabrikmagazin (Anlage und Betrieb).

XIV. Betriebsverwaltung:
1. Persönliche Ausgaben,
2. Sachliche Ausgaben,
3. Steuern, Versicherungen, Abgaben usw.

Nach vorstehend entwickeltem Schema zerfällt der Aufwand im Gaserzeugungsbetrieb vor allem in die beiden Hauptgruppen, die Beschaffung der Kohlen als Ausgangsmaterial der Gaserzeugung und den Fabrikationsbetrieb. Die Unterteilung des Fabrikationsbetriebes in die Wirtschaftsgruppen I—XIV hat trotz weitgehender Detaillierung eine so allgemeine Form, daß sie ohne weiteres für jeden Gaswerksbetrieb und bei verschiedenster Ausgestaltung der Anlagen Anwendung finden kann. Den zehn ersten Fabrikationsgruppen schließen sich zwei allgemeine Gruppen XI und XII an, von denen die erstere zur durchsichtigen Überwachung der oft umfangreichen Anlagen in vier weitere Untergruppen geteilt ist. Eine besondere Bedeutung kommt der Gruppe XIII zu, in welcher die Ausgabe für die sämtlichen Hilfsbetriebe eines Gaswerksbetriebes in getrennten Untergruppen nachgewiesen werden.

Diese detaillierte Nachweisung dient nicht nur dem Zweck sorgfältigster Wirtschaftsüberwachung der häufig sehr wichtigen und umfangreichen Hilfsbetriebe an sich, sondern hat für den später zu behandelnden »Wirtschaftsabschluß« eine ganz besondere Bedeutung. Es erscheint zweckmäßig, schon hier hervorzuheben, daß im »Wirtschaftsabschluß« die Gesamtwirtschaft des Gasfabrikationsbetriebes aus den Wirtschaftsergebnissen der Teilwirtschaften des unmittelbaren Fabrikationsbetriebes überwacht wird und daher den Teilfabrikationsbetrieben die Wirtschaftsprodukte der Hilfsbetriebe (Strom, Gas, Wasser usw.) belastet werden müssen. Die Ermittlung der gesamten Selbstkosten für die in den Hilfsbetrieben gewonnenen Betriebs- und Hilfsmittel ist daher ein grundlegendes Erfordernis für einen vollendeten Wirtschaftsabschluß. In Position XIV wird schließlich dem Gaserzeugungsbetrieb noch der Aufwand für die Betriebsverwaltung in sorgfältiger Gruppierung verrechnet und damit der Gaserzeugungsbetrieb als selbständiges Wirtschaftsgebiet in sich abgeschlossen.

Die Aufwandsüberwachung innerhalb der voraufgestellten Wirtschaftsgruppen des Gaserzeugungsbetriebes erfordert nach den vorbesprochenen Grundsätzen eine scharfe Trennung zwischen den Aufwendungen für den laufenden Betrieb, für die Unterhaltung und für die Verzinsung und Abschreibung. Diese allein würde jedoch nicht ausreichend sein; die detaillierte Überwachung der Betriebswirtschaft bedingt vielmehr noch weiter die Möglichkeit, die Einzelaufwendungen für Betrieb und Unterhaltung getrennt nach Lohn und Material und etwaige besondere Aufwendungen zu ermitteln und auch hierbei wieder nach einzelnen Lohn- und Materialiengruppen auszuscheiden. Ähnlich sind auch die Aufwendungen für Verzinsung und Abschreibung nach gewissen Anlagegruppen festzulegen. Eine übersichtliche Detaillierung des Aufwandes innerhalb der einzelnen Wirtschaftsgruppen gibt nach diesen Gesichtspunkten folgendes Schema:

Schema III.

Aufwandsunterteilung für den Gaserzeugungsbetrieb.

A. Betrieb:

a) Betriebslöhne
eventuell Unterteilung nach besonderem Bedürfnis.

b) Betriebsmaterialien
1. Putz- und Schmiermaterialien,
2. Dichtungs- und Packungsmaterialien,
3. Betriebsmaterial für Beleuchtung,
4. sonstige Materialien.

c) Besondere Betriebsausgaben und Verschiedenes
eventuell besondere Unterteilung.

B. **Unterhaltung:**

a) Reparaturlöhne:
1. für Gebäude,
2. für Apparate und Maschinen,
3. für sonstige Einrichtungen,
4. für Werkzeuge und Geräte,
5. für Mobiliar.

b) Reparaturmaterialien:
1. für Gebäude,
2. für Apparate und Maschinen,
3. für sonstige Einrichtungen,
4. für Werkzeuge und Geräte,
5. für Mobiliar.

c) Besondere Unterhaltungsausgaben und Verschiedenes eventuell besondere Unterteilung.

a) Verzinsung:
1. für Gebäude,
2. für Apparate und Maschinen,
3. für sonstige Einrichtungen,
4. für Werkzeuge und Geräte,
5. für Mobiliar.

b) Abschreibung:
1. für Gebäude,
2. für Apparate und Maschinen,
3. für sonstige Einrichtungen,
4. für Werkzeuge und Geräte,
5. für Mobiliar.

Nach diesem Schema werden die Betriebslöhne für die einzelnen Wirtschaftsgruppen je nach Bedürfnis für gewisse Arbeiten, z. B. an Öfen, Transportanlagen durch Aufstellung entsprechender Unterpositionen laufend oder auch nur für vorübergehende Zwecke ermittelt; der Verbrauch der Betriebsmaterialien wird durch die gegebene Gruppierung nach Arten wirksam überwacht; alle besonderen Verbrauchsmaterialien der einzelnen Wirtschaftsgruppen, wie Brennmaterialien, Koks für Generatorheizung und sonstige Zwecke, Reinigungsmasse und Waschflüssigkeiten, Kalk, Öl u. a. m. unterliegen durch getrennte Verbuchung in der besonderen Untergruppe (c) besonderer Überwachung. Reparaturlöhne und Materialien, wie auch Zinsen und Abschreibung werden in einheitlicher Form nach Aufwendungen für Gebäude, Apparate und Maschinen, sonstige Einrichtungen, Werkzeuge und Geräte, sowie Mobiliar unterteilt, wobei für etwaige Bedarfsfälle nichts im Wege steht, besondere Untergruppen für irgendwelche besondere Einrichtungen zu bilden. Für die allgemeinen Wirtschaftsgruppen XI und XII in Schema II wird die Aufwandsunterteilung zwar auch nach den Grundzügen vorstehenden Schemas III durchgeführt, doch gestaltet sich dieselbe meist infolge Wegfalls verschiedener Positionen etwas einfacher. Die Betriebsverwaltung (Gruppe XIV des Schema II) erfordert natürlich eine gesonderte Aufwandsunterteilung etwa nach folgendem Schema IV.

Schema IV.

Aufwandsunterteilung der Wirtschaftsgruppe Betriebsverwaltung.

C. Betriebsverwaltung:

1. Persönliche Ausgaben.
   a) Gehalte und Löhne:
      1. Gehalte an Beamte und Angestellte,
      2. Gehalte und Löhne an Hilfspersonal (Boten, Wächter usw.),
      3. Verschiedenes.

   b) Sonstige persönliche Ausgaben:
      1. Arbeitslöhne an Kranke und anderweitig Arbeitsverhinderte,
      2. Beiträge zur Kranken- und Invalidenversicherung,
      3. Beiträge zur Berufsgenossenschaft,
      4. Unterstützungen aller Art,
      5. ärztliche Untersuchungskosten,
      6. Anteil des Gaswerks an den Leistungen für die Betriebskrankenkasse,
      7. Verschiedenes.

2. Sachliche Ausgaben:
   1. Bureaukosten,
   2. Porti, Telegramm- und Telephongebühren usw.,
   3. Reiseauslagen, Bücher, Zeitschriften, Straßenbahnabonnement,
   4. Verschiedenes.

3. Steuern usw.:
   1. Steuern,
   2. Versicherungen,
   3. Abgaben und Gebühren,
   4. Pachten und Mieten.

Schema II in Verbindung mit den Schemata III bzw. IV gibt die detaillierte Überwachungsform für den Aufwand im Gaserzeugungsbetrieb, wie sie den eingangs erwähnten Grundforderungen an eine brauchbare Wirtschaftsüberwachung entspricht.

β) Im Gasverteilungsbetrieb.

Der Gasverteilungsbetrieb, der sich mit der Verteilung und vielfach auch mit den verschiedenen Arten der Verwendung des Gases befaßt, hat in den letzten Jahren eine außerordentliche Vielgestaltigkeit angenommen, so daß dessen sorgfältige betriebswirtschaftliche Überwachung kaum minder wichtig als die des Gaserzeugungsbetriebes ist. Nach der Entwicklung der letzten Jahre ist sogar anzunehmen, daß sich für die nächste Folge Technik und kaufmännisches Können mit Macht dem Ausbau dieses wichtigen Zweiges der Gaswerksunternehmen zuwenden werden, der neben der intensiven Ausgestaltung im inneren Gaswerksbetrieb ohne Zweifel zurückgeblieben ist.

Nach ähnlichen Gesichtspunkten wie beim Gaserzeugungsbetrieb vermitteln die beiden folgenden Schemata die detaillierte Aufwandsüberwachung beim Gasverteilungsbetrieb:

Schema V.

Die Wirtschaftsgruppen des Gasverteilungsbetriebes zur Aufwandsverbuchung.

I. Hauptrohrnetzanlage:
- a) Betrieb,
- b) Unterhaltung,
- c) Anlage,
- d) Spezialverwaltung.

II. Anlage zur öffentlichen Beleuchtung:
- a) Betrieb,
- b) Unterhaltung,
- c) Anlage,
- d) Spezialverwaltung.

III. Privatgasanlagen:
- a) Betrieb,
- b) Unterhaltung,
- c) Anlage,
- d) Spezialverwaltung.

IV. Allgemeine Werksanlagen für Gasvertrieb:
1. Umfriedung usw.,
2. Allgemeine Werksgebäude,
3. Wohlfahrtsanlagen,
4. Wohngebäude.

V. Allgemeine Werkzeuge und Geräte:
1. Werkzeuge,
2. Geräte.

VI. Hilfsbetriebe:
1. Reparaturwerkstättenbetrieb,
2. Magazinbetrieb,
3. Rohrlagerbetrieb,
4. Betrieb der Reserve.

VII. Nebenbetriebe:
1. Hausinstallationen,
2. Prüfung und Abnahme von Hausinstallationen,
3. Verkauf von Beleuchtungs-, Koch- und Heizapparaten,
4. Vermietung von Beleuchtungs-, Koch- und Heizapparaten,
5. Übernahme der Instandhaltung von Beleuchtungsanlagen.

VIII. Vertriebsverwaltung:
1. Persönliche Ausgaben,
2. sachliche Ausgaben,
3. Steuern usw.

Schema VI.

Aufwandsunterteilung für den Gasverteilungsbetrieb.

A. Betrieb:
a) Betriebslöhne
ev. besondere Unterteilung,
b) Betriebsmaterialien
ev. besondere Unterteilung,
c) besondere Betriebsausgaben und Verschiedenes
ev. besondere Unterteilung.

B. Unterhaltung:
a) Reparaturlöhne,
weitere Unterteilung nach Anlagebestandteilen,
b) Reparaturmaterialien,
weitere Unterteilung nach Anlagebestandteilen,
c) besondere Ausgaben und Verschiedenes,
ev. besondere Unterteilung.

C. Anlagenutzung:
a) Verzinsung,
verschiedene Unterteilung nach Anlagebestandteilen,
b) Abschreibung,
verschiedene Unterteilung nach Anlagebestandteilen;

ev. D. Spezialverwaltung:
a) Persönliche Ausgaben,
b) sachliche Ausgaben,
c) Steuern usw.

Wie bei den Einnahmen, so sind auch die Ausgaben im Gasverteilungsbetrieb nach Schema V vor allem nach den drei großen Wirtschaftsgebieten, Rohrnetz, öffentliche Beleuchtung und Privatgasanlagen verteilt. Die wirtschaftliche Bedeutung jedes dieser drei Gebiete läßt es sogar berechtigt erscheinen, für jede dieser drei Abteilungen neben den Kosten für Betrieb, Unterhaltung und Anlagenutzung auch die Kosten für die Spezialverwaltung festzulegen und damit diese drei Abteilungen als vollständig selbständige Wirtschaftsgebiete zu behandeln. Die übrigen Positionen haben eine ganz ähnliche Durchbildung wie die entsprechenden Positionen bei Gaserzeugungsbetrieb erfahren und ist hierzu nur noch hervorzuheben, daß neben den Hilfsbetrieben in dieser Abteilung unter Position VII der Aufwand für eine Anzahl Nebenbetriebe detailliert ermittelt und damit in Verbindung mit einer entsprechenden ausgestalteten Einnahmeunterteilung die finanzielle Wirtschaft jedes einzelnen Nebenbetriebes selbständig überwacht wird.

Die Aufwandsunterteilung für die vorstehend aufgestellten Wirtschaftsgruppen des Gasverteilungsbetriebes erfolgt nach vorstehendem Schema VI nach den früher gegebenen Gesichtspunkten. Im Detail dagegen bedingt die sehr verschiedene Ausgestaltung der Gasverteilungsbetriebe eine den jeweiligen örtlichen Verhältnissen angepaßte Unterteilung, die sich jedoch nach den bisherigen Erörterungen ohne weiteres ergibt; auch die Aufwandsunterteilung der Nebenbetriebe erfordert verschiedentlich eine etwas abweichende Behandlung, wobei jedoch stets die bisher gegebenen Grundsätze sinngemäße Anwendung finden.

γ) In der allgemeinen Verwaltung.

Die dritte Hauptabteilung eines Gaswerksunternehmens bildet die Allgemeine Verwaltung. Die Aufwendungen für diese Abteilung können zunächst in vier Hauptgruppen unterschieden werden, und zwar:

1. Persönliche, 2. Sachliche Ausgaben, 3. Ausgaben für Steuern, Versicherungen und Abgaben usw. und 4. Aufwendungen für Verwaltungs- und Wohngebäude für Beamte der Allgemeinen Verwaltung. Innerhalb dieser vier Hauptgruppen erfolgt eine zweckmäßige Gruppierung der Ausgaben etwa nach folgendem Schema:

Schema VII:

Aufwandsunterteilung für die allgemeine Verwaltung.

I. Persönliche Ausgaben:

a) Gehalte und Löhne,

1. Gehalte an Beamte und Angestellte der Allgemeinen Verwaltung,
2. Gehalte und Löhne für Standaufnehmer und Inkassobeamte,
3. Gehalte und Löhne für Hilfspersonal (Portier, Boten, Telephonisten),
4. Gehalte und Löhne für Propaganda,
5. Verschiedenes (Vergütung für Aushilfen).

b) Sonstige persönliche Ausgaben:

1. Ruhe-,
2. Witwen und Waisengelder,
3. Unterstützungen an invalide Arbeiter und deren Hinterbliebene,
4. Arbeitslöhne an Kranke und anderweitige Arbeitsverhinderte,
5. Beiträge zu Kranken- und Invalidenversicherung,
6. Beiträge zur Berufsgenossenschaft,
7. Unterstützungen an Kranke,
8. Ärztliche Untersuchungskosten,
9. Leistungen für Betriebskrankenkassen,
10. Verschiedenes.

II. Sachliche Ausgaben.

1. Bureaukosten,
2. Porti, Telegramm- und Telephongebühren,
3. Reiseauslagen, Bücher, Zeitschriften, Straßenbahnabonnement,
4. Propaganda,
5. Verschiedenes.

III. Steuern usw.:

1. Steuern,
2. Versicherungen,
3. Abgaben und Gebühren,
4. Vereinsbeiträge,
5. Pachten und Mieten,
6. Gerichtskosten.

IV. Verwaltungs- und Wohngebäude:

1. Betriebslöhne,
2. Betriebsmaterial,
3. besondere Betriebsausgaben und Verschiedenes,
4. Reparaturlöhne:
   a) Gebäude,
   b) Inneneinrichtung,
   c) Mobiliar.
5. Reparaturmaterialien:
   a) Gebäude,
   b) Inneneinrichtung,
   c) Mobiliar.
6. Besondere Unterhaltungsausgaben und Verschiedenes.
7. Verzinsung:
   a) Gebäude,
   b) Inneneinrichtung,
   c) Mobiliar.
8. Abschreibung:
   a) Gebäude,
   b) Inneneinrichtung,
   c) Mobiliar.

Die in den Schemata I bis VII gegebenen Formen zur Einnahme- und Ausgabenverbuchung geben in ihrer Gesamtheit das Buchungsschema für eine Buchführung, die in dieser detaillierten Form als Wirtschaftsbuchführung bezeichnet werden soll. Eine dermaßen gestaltete Wirtschaftsbuchführung gibt einen vollendeten Aufschluß über die gesamten Details der Betriebswirtschaft und ermöglicht damit den vollendeten Wirtschaftserfolg eines Unternehmens. In der Ausgestaltung dieser Wirtschaftsbuchführung liegt es begründet, einen z. B. verminderten Ertrag eines Gaswerksunternehmens auf verminderte Einnahmen oder erhöhte Ausgaben in den einzelnen Teilwirtschaften zurückzuführen, die z. B. vermehrten Ausgaben weiter zu folgen in den Aufwendungen für Betrieb, Unterhaltung und Anlagenutzungskosten, und hierbei wieder festzustellen, ob die etwaige Vermehrung in z. B. erhöhtem Aufwand für Löhne, Materialien oder sonstige Ausgaben zu suchen ist und event. noch, welche besondere Einrichtungen oder Materialien daran beteiligt sind. Private Gaswerksunternehmen können eine derartig detaillierte Buchführung nur in Form einer besonderen Fabrikbuchführung neben der kaufmännischen Buchführung zur Durchführung bringen, wie solche bereits von vielen Unternehmen der verschiedensten Industriezweige mit Rücksicht auf die großen wirtschaftlichen Vorteile, welche die sorgfältige Überwachung der Betriebswirtschaft mit sich bringt, angewendet werden. Städtischen Gaswerksunternehmen bietet sich Gelegenheit, die offizielle Etatbuchführung nach kameralistischem System in der vorbesprochenen Weise auszugestalten und damit gleichzeitig mit der Etatsüberwachung eine vollendete Überwachung der Betriebswirtschaft zu erzielen. Mit Rücksicht darauf, daß 70% aller deutschen Gaswerke im städtischen Besitze und mit 90% an der Gasversorgung Deutschlands beteiligt sind, möchte ich im folgenden die Anwendung der vorbesprochenen Entwicklungen in den sich hieraus ergebenden Abschlußformen zur Darstellung bringen.

III. Abschnitt.

Die besonderen Abschlußformen, die sich nach obigen Vorschlägen für Gaswerksunternehmen in öffentlichem Besitz ergeben.

1. Die Abschlufsformen der Buchführung.

a) Die Betriebsrechnung, die Gewinn- und Verlustrechnung und die Bilanz.

Eine Etatsbuchführung für Gaswerksunternehmen nach den im vorstehenden Kapitel festgelegten Ausführungsformen bietet für die kameralistische Buchungsweise trotz der weitgehendsten Detaillierung natürlich keinerlei Schwierigkeit und kaum irgendwelche Arbeitsvermehrung. Ein Hinweis auf einzelne, in den früheren Abschnitten dieser Abhandlung wiedergegebenen Etatsaufstellungen genügt, daß verschiedene Gaswerksunternehmungen, die eine betriebswirtschaftliche Überwachung mit der Etatsbuchführung verbinden, ebenfalls zu sehr detaillierten Buchführungsformen gelangt sind. So weitläufig nun auch die vorgeschlagene Etatsbuchführung in ihrer für die Überwachung der Betriebswirtschaft notwendigen Detailform ist, so hat sie doch den großen Vorzug, eine sehr gedrängte Endform zuzulassen. Diese Endform nach folgendem Schema VIII eignet sich für die öffentliche Vorlage des Etats wie als offizielle Abschlußform der Etatsbuchführung vorzüglich, sowohl mit Rücksicht auf den überaus klaren Einblick, den sie trotz aller Kürze in die Gesamtwirtschaft des Gaswerksunternehmens gestattet, wie vielleicht nicht minder wegen ihrer allgemein anwendbaren Form, die eine allgemeine Verwendung bei Gaswerksunternehmen zuläßt.

Schema VIII.

Abschlußform der Etatsbuchführung (Betriebsrechnung) bzw. Grundform des Etats.

Einnahme:

a) für Gas.

b) Abt. A: Gaserzeugungsbetrieb.

I. Kohlen.

II. Nebenprodukte:

1. Koks,
2. Teer,
3. Ammoniak,
4. verschiedene Erzeugnisse.

III. Verschiedenes.

c) Abt. B: Gasverteilungsbetrieb.

I. Hauptrohrnetzanlage.

II. Anlage zur öffentlichen Beleuchtung.

III. Privatgasanlagen.

IV. Verschiedenes.

V. Nebenbetriebe.

d) Abt. C: Allgemeine Verwaltung.

Verschiedenes.

Ausgabe:

Abt. A. Gaserzeugungsbetrieb.

I. Kohlen.

II. Betriebsausgaben:

1. Betriebslöhne,
2. Betriebsmaterialien,
3. besondere Betriebsausgaben und Verschiedenes.

III. Unterhaltungsausgaben:

1. Reparaturlöhne,
2. Reparaturmaterialien,
3. besondere Unterhaltungsausgaben und Verschiedenes.

IV. Verzinsung der Gaserzeugungsanlagen.

V. Abschreibung der Gaserzeugungsanlagen.

VI. Betriebsverwaltung:

1. persönliche Ausgaben,
2. sachliche Ausgaben,
3. Steuern usw.

Abt. B. Gasverteilungsbetrieb.

a) Haupt- und Hilfsbetriebe.

I. Betriebsausgaben:
1. Betriebslöhne,
2. Betriebsmaterialien,
3. besondere Betriebsausgaben und Verschiedenes.

II. Unterhaltungsausgaben:
1. Reparaturlöhne,
2. Reparaturmaterialien,
3. besondere Unterhaltungsausgaben und Verschiedenes.

III. Verzinsung der Anlagen.

IV. Abschreibung der Anlagen.

b) Nebenbetriebe.

I. Gesamtausgaben.

II. Verzinsung.

III. Abschreibung.

c) Vertriebsverwaltung.

I. Persönliche Ausgaben.

II. Sachliche Ausgaben.

III. Steuern usw.

Abt. C. Allgemeine Verwaltung.

I. Persönliche Ausgaben.

II. Sachliche Ausgaben.

III. Steuern usw.

IV. Verwaltungs- und Wohngebäude:
1. Betriebsausgaben,
2. Unterhaltungsausgaben,
3. Verzinsung,
4. Abschreibung.

Im Etatsabschluß gibt die vorstehende Form detaillierten Aufschluß über die Einnahme und Ausgabe der verschiedenen Betriebsabteilungen, indem sowohl die Haupteinnahmegruppen in klarer Trennung gehalten sind, wie bei den Ausgaben neben den Löhnen, Materialien und besonderen Ausgaben für Betrieb und Unterhaltung auch die Aufwendung für Verzinsung und Abschreibung wie der Verwaltung jeder einzelnen Betriebsabteilung ersichtlich sind. Alle Besonderheiten in der Anlage der Gaswerksunternehmen kommen in dieser Endform des Etatsbuchführungsabschlusses **nicht** zum Ausdruck, so daß die Ergebnisse der einzelnen Gaswerksunternehmen unmittelbar vergleichbar sind.

Die Betriebsrechnung als Abschlußform der Etatsbuchführung wird häufig in die kaufmännische Form der Gewinn- und Verlustrechnung gekleidet, die in vorliegendem Fall sich etwa in der folgenden abgekürzten Form ergibt:

Einnahme.	**Ausgabe.**
aus Gas.	für Kohlen.
» Koks.	» Betrieb des Gaswerks.
» Teer.	» Unterhaltung des Gaswerks.
» Ammoniak.	» Verwaltung des Gaswerks.
» verschiedenen Nebenerzeugnissen.	» Betrieb in der Abteilung Gasverteilung.
» Verschiedenem im Gaserzeugungsbetrieb und für Kohlen.	» Unterhaltung in der Abteilung Gasverteilung.
» Hauptrohrnetz.	» Verwaltung der Abteilung Gasverteilung.
» Öffentliche Beleuchtung.	» Allgemeine Verwaltung.
» Privatgasanlagen.	» Verzinsung.
» Verschiedenem im Gasverteilungsbetrieb.	» Abschreibung.
» Bruttogewinn aus Nebenbetrieben.	» Reingewinn.
» Verschiedenem der Allgemeinen Verwaltung.	

Die Etatsbuchführung nach der hier behandelten Form erfordert nach früherem eine detaillierte Führung von Anlagekonten, die den einzelnen Wirtschaftsgruppen entsprechen. Naturgemäß macht sich diese Neuordnung auch in der Bilanz, dem Vermögensnachweis, geltend, der damit gegenüber früher etwa folgende Form annimmt:

Schema X.

Vermögensnachweisung, Bilanz (detaillierte Form).

Aktiva.

A. Gaswerksanlage.

a) Grundbesitz.

b) Anlagen:

I. Anlage für Kohlenbehandlung,

II. » » Gaserzeugung,

III. » » Gasbehandlung,

IV. » » Gasmessung, Aufbereitung und Verteilung.

V. » » Koksbehandlung,

VI. Anlage für Koksvertrieb,
VII. » » Teerbehandlung,
VIII. » » Ammoniakwasserbehandlung und -Vertrieb,
IX. » » Wassergaserzeugung,
X. » » Laboratorium und Versuchsgasanlage,
XI. » » allgemeine Fabrikanlagen:
a) Umfriedung usw.,
b) Allgemeine Betriebsgebäude,
c) Wohlfahrtsanlagen,
d) Wohngebäude.
XII. Allgemeine Werkzeuge und Geräte:
1. Werkzeug,
2. Geräte.
XIII. Anlagen der Hilfsbetriebe:
a) Anlage für Fabrikbahn,
b) » » Dampferzeugung,
c) » » Stromerzeugung,
d) » » Wassergewinnung,
e) » » Versorgung mit städt. Trinkwasser,
f) » » Gasversorgung der Fabrik,
g) » » Betriebswerkstätten,
h) » » Fabriksmagazin.

B. Anlagen für den Gasverteilungsbetrieb:
a) Grundbesitz.
b) Anlagen.
I. Hauptrohrnetz.
II. Anlage zur öffentlichen Beleuchtung:
1. Laternenzuleitungen,
2. Laternen,
3. Zünduhren,
4. Preßgasstationen,
5. Preßgasbeleuchtungsanlagen,
6. Laternenwärterräume,
7. Laternenwärterutensilien.
III. Privatgasanlagen:
1. Hauszuleitungen,
2. Gasmesser,
3. Automatengasmesser,
4. Automatensteigleitungen,
5. Automatenzubehör.
IV. Allgemeine Werksanlagen:
1. Grundbesitz,
2. Gebäude,

3. Innere Einrichtung,
4. Mobiliar.

V. Allgemeine Werkzeuge und Geräte:
1. Werkzeuge,
2. Geräte.

VI. Anlagen der Hilfsbetriebe:
1. Grundbesitz,
2. Gebäude,
3. Apparate,
4. Innere Einrichtungen,
5. Werkzeuge und Geräte,
6. Mobiliar.

C. Allgemeine Verwaltung:
1. Grundbesitz,
2. Anlage der Verwaltungs- und Wohngebäude.

D. Bestände.

E. Kassen und Debitoren.

F. Fonds.

Passiva.

Verschiedene Kapitalanleihen.

b) Die Selbstkostenberechnung des Gases.

Einen sehr wesentlichen Einfluß gewinnt die Buchungsweise der vorliegenden Form auf die Selbstkostenberechnung des Gases. Die vorliegende Selbstkostenberechnung (siehe Schema XI, S. 107) ermittelt neben den Selbstkosten des Gases die Netto-Gaserzeugungskosten, Netto-Gasverteilungskosten, Netto-Verwaltungskosten in klarer Detaillierung und schafft damit auch die Möglichkeit, die absoluten Detailwerte auf die zutreffende Einheit der betreffenden Betriebsabteilung zu beziehen.[1]) Die gewonnenen Einheitswerte sind damit absolut einwandfrei (was bei der bisher in Gebrauch befindlichen Bezeichnung auf 1 cbm Gaserzeugung, 1 cbm Gesamt-Gasabgabe oder 1 cbm Nutzgas durchaus nicht der Fall ist) und sind nicht nur für das Gaswerksunternehmen selbst, sondern auch für alle Gaswerksunternehmen untereinander vergleichbar.

[1]) Siehe hierüber näheres in F. Greineder »Die Betriebsbuchführung der Gaswerksbetriebe«, Oldenbourg, München und Berlin 1910.

Schema XI.

Selbskostenberechnung des Gases.

	Gesamt-betrag	Rechn.-Betrag	Einh.-Betrag	Einheit
Abt. A. Gaserzeugungsbetrieb.				
Einnahme:				
I. Kohlen	—.—			
II. Nebenprodukte:				
1. Koks	—.—			
2. Teer.	—.—			
3. Ammoniak	—.—			
4. verschiedene Erzeugnisse	—.—			
III. Verschiedenes	—.—			
Summe der Einnahmen Abt. A:		—.—		
Ausgabe:				
I. Kohlen	—.—			
II. Betriebsausgaben:				
1. Betriebslöhne.	—.—			
2. Betriebsmaterialien	—.—			
3. besondere Betriebsausgaben und Verschiedenes	—.—			
III. Unterhaltungsausgaben:				
1. Reparaturlöhne	—.—			
2. Reparaturmaterialien	—.—			
3. besondere Unterhaltungsausgaben und Verschiedenes	—.—			
IV. Verzinsung	—.—			
V. Abschreibung	—.—			
VI. Betriebsverwaltung:				
1. Persönliche Ausgaben	—.—			
2. sachliche Ausgaben	—.—			
3. Steuern usw..	—.—			
Summe der Ausgaben Abt. A:		—.—		
Netto-Erzeugungskosten Abt. A:		—.—		

	Gesamt-betrag	Rechn.-Betrag	Einh.-Betrag	Einheit
Abt. B. Gasverteilungsbetrieb.				
Einnahme:				
I. Hauptrohrnetzanlage	—.—			
II. Anlage zur öffentl. Beleuchtung	—.—			
III. Privatgasanlagen	—.—			
IV. Verschiedenes	—.—			
V. Nebenbetriebe	—.—			
Summe der Einnahme Abt. B:		—.—		
Ausgabe:				
a) Haupt- und Hilfsbetriebe:				
I. Betriebsausgaben:				
1. Betriebslöhne	—.—			
2. Betriebsmaterialien	—.—			
3. besondere Betriebsausgaben und Verschiedenes	—.—			
II. Unterhaltungsausgaben:				
1. Reparaturlöhne,	—.—			
2. Reparaturmaterialien	—.—			
3. besondere Unterhaltungsausgaben und Verschiedenes	—.—			
III. Verzinsung.	—.—			
IV. Abschreibung	—.—			
b) Nebenbetriebe:				
I. Gesamtausgaben	—.—			
II. Verzinsung	—.—			
III. Abschreibung	—.—			
c) Vertriebsverwaltung:				
I. Persönliche Ausgaben	—.—			
II. sachliche Ausgaben	—.—			
III. Steuern usw.	—.—			
Summe der Ausgaben Abt. B:		—.—		
Netto-Gasverteilungskosten Abt. B:		—.—		

	Gesamt-betrag	Rechn.-Betrag	Einh.-Betrag	Einheit
Abt. C. Allgemeine Verwaltung.				
Einnahme:				
Verschiedenes	—.—			
Ausgabe:				
I. Persönliche Ausgaben	—.—			
II. sachliche Ausgaben	—.—			
III. Steuern usw.	—.—			
IV. Verwaltungs- und Wohngebäude:				
1. Betriebsausgaben	—.—			
2. Unterhaltungsausgaben	—.—			
3. Verzinsung und Tilgung	—.—			
4. Abschreibung	—.—			
Summe der Ausgaben Abt. C:		—.—	—.—	
Netto Allgemeine Verwaltungskosten Abt. C		—.—	—.—	
Netto Gesamtkosten (Selbstkosten des Gases)		—.—	—.—	
Einnahme für Gas		—.—	—.—	
Reingewinn (Überschuß)		—.—	—.—	

2. Die spezielle Wirtschaftsrechnung.

Damit sind die bisherigen Abschlußformen der Buchführung in der neuen Durchbildung gegeben. Die neuen Abschlußformen (der vorbehandelten detaillierten Wirtschafts- bzw. Etatsbuchführung) gewähren neben ihren rein kaufmännischen Zwecken einen tiefgehenden Einblick in die Gesamtwirtschaft eines Unternehmens und ermöglichen in ihrer Gesamtheit eine sorgfältige, finanzielle Überwachung desselben. Neben diesen buchhalterischen Abschlüssen wird für die besonderen Zwecke der betriebswirtschaftlichen Überwachung noch eine besondere Abschlußform erforderlich, die sich auf rechnungsmäßigem Wege aus der detaillierten Wirtschaftsbuchführung ergibt und als Wirtschaftsabschluß bezeichnet werden soll.

Bereits früher wurde darauf verwiesen, daß die detaillierte Wirtschafts- bzw. Etatsbuchführung die Hilfsbetriebe (siehe Schema II und V), ebenso wie die spezifischen Teil- und Nebenbetriebe eines Gaswerksunternehmens als selbständige Wirtschaftsgruppen behandelt und dementsprechend deren Aufwand in gesonderten Positionen ermittelt.

Die Erzeugnisse bzw. Leistungen der einzelnen Hilfsbetriebe, die sogenannten »Hilfsmittel«, finden demzufolge buchhalterisch keine Verrechnung auf die verschiedenen Teil- und Nebenbetriebe, denen dieselben dienen und für deren Zwecke die Hilfsbetriebe geschaffen sind. Um die Wirtschaft des Unternehmens in den Teilwirtschaften verfolgen zu können, ist es aber erforderlich, daß den Teilwirtschaften auch die im eigenen Werke erzeugten »Hilfsmittel« verrechnet werden, die bei den entwickelten Betriebsformen der neueren Gaswerksunternehmen meist einen sehr wesentlichen Teil der Wirtschaftskosten ausmachen. Es geschieht dies in einem besonderen Wirtschaftsabschluß, der rechnerisch auf der Grundlage der detaillierten Etatsbuchführung aufgestellt wird, indem der Aufwand für die Hilfsbetriebe entsprechend deren Beanspruchung durch die einzelnen Teil- und Nebenbetriebe diesen belastet wird. Der hiernach sich ergebende Wirtschaftsabschluß (Schema XII) entspricht in seiner Detaillierung durchaus der Unterteilung der Etatsbuchführung (siehe Schema II und V) mit der Einschränkung, daß die Positionen für die Hilfsbetriebe herausgefallen sind und dementsprechend die Aufwandsunterteilung innerhalb der einzelnen Positionen, die gegen früher erweiterte Grundform nach Schema XIII annimmt.

Der Wirtschaftsabschluß gibt in dieser für die Zwecke der Betriebswirtschaft weitgehend detaillierten Form einen ebenso vollständigen wie infolge der buchhalterischen Grundlage zuverlässigen Überblick über die Gesamtwirtschaft im einzelnen; gleichzeitig hat er mit Rücksicht auf seine Unterteilung in die spezifischen Wirtschaftsgruppen eines Gaswerksunternehmens auch eine allgemeine Bedeutung. Im Detail ermöglicht der Wirtschaftsabschluß in seinen absoluten Werten, ganz besonders aber in seinen sorgfältig durchgebildeten Einheitswerten, jede Veränderung im Endergebnis eines Gaswerksunternehmens in seiner Ursache bis in die kleinsten Einzelheiten zu verfolgen; er läßt erkennen, ob und inwieweit einzelne Wirtschaftsgruppen in Einnahme und Ausgabe an der Veränderung beteiligt sind, ob und inwieweit ein etwa erhöhter Aufwand einzelner Wirtschaftsgruppen durch erhöhte Aufwendungen in Betrieb, Unter-

Schema XII.

Wirtschaftsabschluß.

1. Einnahmen, wie in Schema I.
2. Ausgaben.

	Gesamt-betrag	Einh.-Betrag	Einheit
A. Gaserzeugungsbetrieb:			
a) Kohlen:			
Kohlenbeschaffung	—.—		
b) Fabrikbetrieb:			
I. Kohlenbehandlung	—.—		
II. Gaserzeugung	—.—		
III. Gasbehandlung	—.—		
IV. Gasmessung, Aufbewahrung und Verteilung	—.—		
V. Koksbehandlung	—.—		
VI. Koksvertrieb	—.—		
VII. Teerbehandlung	—.—		
VIII. Ammoniakbehandlung und -Vertrieb	—.—		
IX. Wassergaserzeugung	—.—		
X. Laboratorium und Versuchsgasanstalt	—.—		
XI. Allgemeine Fabrikanlagen:			
1. Umfriedung	—.—		
2. Allgemeine Betriebsgebäude	—.—		
3. Wohlfahrtsanlagen	—.—		
4. Wohngebäude	—.—		
XII. Allgemeine Werkzeuge und Geräte:			
1. Werkzeuge	—.—		
2. Geräte	—.—		
XIII. — — —	—.—		
XIV. Betriebsverwaltung:			
1. Persönliche Ausgaben	—.—		
2. Sachliche Ausgaben	—.—		
3. Steuern	—.—		

	Gesamt-betrag	Einh.-Betrag	Einheit
B. Gasverteilungsbetrieb:			
I. Hauptrohrnetzanlage	—.—		
II. Anlage zur öffentlichen Beleuchtung.	—.—		
III. Privatanlagen	—.—		
IV. Allgemeine Werksanlagen:			
1. Umfriedung	—.—		
2. Allgemeine Werksgebäude	—.—		
3. Wohlfahrtsgebäude	—.—		
4. Wohngebäude	—.—		
V. Allgemeine Werkzeuge und Geräte:			
1. Werkzeuge	—.—		
2. Geräte	—.—		
VI. — — —			
VII. Nebenbetriebe:			
1. Hausinstallation	—.—		
2. Prüfung und Abnahme der Hausinstallation	—.—		
3. Verkauf von Beleuchtungs- und Heizapparaten	—.—		
4. Vermietung von Beleuchtungs- und Heizapparaten	—.—		
5. Übernahme der Instandhaltung von Beleuchtungseinrichtungen	—.—		
VIII. Vertriebsverwaltung:			
1. Persönliche Ausgaben	—.—		
2. sachliche Ausgaben	—.—		
3. Steuern usw.	—.—		
C. Allgemeine Verwaltung:			
I. Persönliche Ausgaben:			
a) Gehalte und Löhne	—.—		
b) Sonstige persönliche Ausgaben	—.—		
II. Sachliche Ausgaben	—.—		
III. Steuern usw.	—.—		
IV. Verwaltung und Wohngebäude	—.—		

Schema XIII.

Aufwandsunterteilung für den Wirtschaftsabschluß.

A. Betrieb:
- a) Betriebslöhne,
- b) Betriebsmaterialien,
- c) Besondere Betriebsausgaben und Verschiedenes,
- d) Anteil an den Hilfsbetrieben.

B. Unterhaltung:
- a) Reparaturlöhne,
- b) Reparaturmaterialien,
- c) Besondere Unterhaltungsausgaben und Verschiedenes,
- d) Anteil an den Hilfsbetrieben.

C. Anlage:
- a) Verzinsung,
- b) Abschreibung.

ev. D. Spezialverwaltung:
- a) Persönliche Ausgaben,
- b) Sachliche Ausgaben,
- c) Steuern, Versicherungen usw.

haltung oder Anlage verursacht und hierbei wieder in den Löhnen, Materialien, irgendwelchen besonderen Ausgaben oder Hilfsmitteln zu suchen ist, wobei event. noch festgestellt werden kann, welche besonderen Einrichtungen an der Veränderung beteiligt sind. Im speziellen Fall vermittelt der Wirtschaftsabschluß beispielsweise die zweifelsfreie Erkenntnis, daß die Unterhaltungskosten einer Einrichtung so hoch angewachsen sind, daß der Ersatz der betreffenden Anlage wirtschaftlicher ist. Die durch den Wirtschaftsabschluß erzielte scharfe Überwachung der Betriebswirtschaft umfaßt mit der gesamten Betriebswirtschaft naturgemäß auch alle *neuen* Einrichtungen, deren Wirtschaftswert durch denselben von vornherein *mit größter Genauigkeit* und unter Ausschluß aller besonderen Aufstellungen festgelegt wird; dem Wirtschaftsabschluß fällt dann neben der laufenden Überwachung der Betriebswirtschaft die hochwichtige Aufgabe zu, dem *wirtschaftlichen Fortschritt als zuverlässiger Führer* zu dienen. In dieser Eigenschaft gewinnt der Wirtschaftsabschluß erhöhte Bedeutung in den gegenwärtigen Zeiten intensivster technischer und kaufmännischer Entwicklung der Gaswerksunternehmen; er macht die besonderen Wirtschaftsaufstellungen über die Neueinrichtungen entbehrlich, die im Drange der Geschäfte nur zu leicht vernachlässigt und auch dann vielfach nur ungenügend die Nebenkosten berücksichtigen, denen nicht selten ausschlaggebende Bedeutung zukommt. Der Kampf um den Mann, der so häufig die Mitteilungen über die Wirtschaftsergebnisse neuer Einrichtungen beherrscht, wird aus den Veröffentlichungen verschwinden, wenn die Ergebnisse des buchmäßigen Wirtschaftsabschlusses zeigen, daß die Wirtschaftlichkeit einer Einrichtung weit bedeutsameren Einflüssen unterliegt als die Verwendung von einem Mann mehr oder weniger. Vor allem wird durch den Wirtschaftsabschluß auch die hohe Bedeutung der Abschreibungen zum Ausdruck gebracht, deren detaillierte Feststellung der Wirtschaftsabschluß vermittelt. — Dient der Wirtschaftsabschluß seiner ganzen Durchbildung nach im wesentlichen der internen Überwachung des Gaswerksunternehmens bzw. vor allem deren Betriebswirtschaft, während die Abschlußrechnung der Etatsbuchführung (Schema VIII) und die offiziellen Selbstkostenberechnungen (Schema XI) der öffentlichen Beurteilung zugänglich sind, so erstreckt sich sein Einfluß doch darüber hinaus auch in die Öffentlichkeit, indem eben mit der eigenen Erkenntnis auch die Interessen Dritter und der Gasindustrie im allgemeinen gefördert werden können. Das große Fragebedürfnis, das zeitweise in endlosen Fragebogen von öfter zweifelhaftem Wert zum Ausdruck kommt, sowie die häufig ebenso zweifelhafte Beantwortung dieser Frage infolge Mangels eigener Erkenntnis in wirtschaftlichen Fragen läßt es angezeigt erscheinen, daß der für den allgemeinen Fortschritt höchst bedeutungsvolle Austausch der Erfahrungen in fruchtbarere Bahnen gelenkt wird. In dieser Beziehung möchte ich vorschlagen und wünschen, daß die wirtschaftlichen Ergebnisse, die in allgemein brauchbarer Form etwa nach den vorstehenden Grundsätzen ermittelt werden, an einer Zentralstelle gesammelt und von hier aus bearbeitet den Interessen der gesamten Gasindustrie dienstbar gemacht werden. Diese »Zentralstelle für wirtschaftliche Auswertung« als selbständige Einrichtung oder vielleicht auch in gewisser Verbindung mit der Zentrale für Gasverwertung würde als Bearbeitungsstelle für das gesamte wirtschaftlich-statistische Material für die Entwicklung der Gasindustrie wie für deren wirtschaftliche Kräftigung von höchstem Nutzen sein.

Schluß.

Die Bedeutung einheitlicher Abschlußformen für die Gasversorgungsindustrie.

Ist im Vorstehenden die besondere Notwendigkeit sorgfältiger finanzieller Überwachung bei Gaswerksunternehmen nachgewiesen, dann an bestehenden Überwachungsformen entwickelter Art die Bestrebung in dieser Richtung gezeigt, hierauf in neuen Vorschlägen dieses für die gedeihliche Fortentwicklung der Gaswerksunternehmen überaus wichtige Gebiet der finanziellen Überwachung systematisch behandelt, so möchte ich am Schlusse dieser Ausführungen noch der möglichst einheitlichen Durchführung der finanziellen Überwachung bei Gaswerksunternehmen das Wort reden.

Die Bedeutung einheitlicher Überwachungsformen liegt im Vergleich. Bietet natürlich bereits eine möglichst allgemeine Anwendung sorgfältiger Überwachungsmethoden die Möglichkeit, durch die klare Erkenntnis über die wirtschaftlichen Erfolge Dritter die Interessen des eigenen Werkes und damit auch der gesamten Gasindustrie zu fördern, so gilt dies naturgemäß in erhöhtem Maße, wenn diese Erkenntnis durch einheitliche Rechnungsmethoden erleichtert wird. Es ist eine vielbeklagte Tatsache, daß bei Gaswerksunternehmen (von Privatgesellschaften abgesehen) ebenso wie bei städtischen Betriebsunternehmen überhaupt, die Rechnungsformen und damit auch die verschiedenen Abschlußformen so außerordentlich verschieden sind, daß kaum ein Vergleich in den Endergebnissen, viel weniger noch ein tiefer gehender Wirtschaftsvergleich möglich ist. Dieser Zustand erfordert nicht nur vom Standpunkt des Nationalökonomen, sondern weit mehr natürlich im Interesse derjenigen, die an der Wirtschaft städtischer Unternehmen interessiert sind, also vor allem der Stadtverwaltungen als solche, der Stadträte und Stadtverordneten, der Leiter städtischer Werke und vielleicht auch der steuerzahlenden Bürger, dringend einer grundsätzlichen Änderung. In dem »Statistischen Jahrbuch Deutscher Städte« wird u. a. seit dem Jahre 1890 eine Gegenüberstellung der Rechnungsergebnisse einer Anzahl deutscher Städte (Jahrgang 1910 umfaßt für das Rechnungsjahr 1907 die Ergebnisse von 65 Städten) zunächst in wechselnder Form, seit dem Jahre 1898 aber in einer gleichbleibenden Form durchgeführt. So einfach diese Darstellung in ihrer Grundform gehalten ist und sich neben den Endergebnissen in Einnahme und Ausgabe sowie Überschuß nur auf einige wenige Einnahme- und Ausgabeposten bezieht, so ist doch eine ganze Reihe von Nebenerläuterungen erforderlich, um nur einigermaßen eine vergleichende Beurteilung zu ermöglichen; für die vorerwähnten drei Hauptposten werden in Ermangelung besserer Unterlagen Vergleichswerte errechnet, deren Zuverlässigkeit trotz redlicher Bemühungen natürlich sehr zweifelhaft ist. Ein Versuch meinerseits, die Rechnungsergebnisse in ihrer Gesamtheit zu einem Nachweis der wirtschaftlichen Entwicklung deutscher Gaswerksunternehmen zu verarbeiten, ist an der Regellosigkeit der in der Statistik gegebenen Werte gescheitert. In der Erkenntnis des hohen Wertes vergleichender Wirtschaftsbeurteilung hat der Verein von Gas- und Wasserfachmännern im Jahre 1909 gleichzeitig mit der jährlichen Betriebsstatistik erstmalig Erhebungen über wirtschaftliche Ergebnisse in vertraulicher Form aufgenommen, die sich zunächst in fünfjährigen Perioden wiederholen sollten. Leider sind die gehegten Hoffnungen auf diese Umfrage zunichte geworden, da sicherem Vernehmen nach das eingegangene Zahlenmaterial eine Verarbeitung nicht zuließ. Vor allem verhinderte naturgemäß die außerordentlich verschiedene Rechnungsweise bei den einzelnen Gaswerksunternehmen eine Fassung der Wirtschaftsergebnisse unter allgemeinen Formen, dann aber liegt bei vielen Unternehmen (ganz abgesehen von Privatgesellschaften) eine gewisse Scheu vor, ihr Zahlenmaterial preiszugeben. Diese beiden Gründe sind es auch, welche mit Nachdruck für einheitliche finanzielle Überwachungsformen sprechen; gleichzeitig aber kommt dabei die Kardinalfrage zum klaren Ausdruck, daß es nicht genügt, einheitliche Abschlußformen anzustreben, sondern es sind grundlegende Methoden durchzubilden, die in sorgfältiger Detaillierung die zuverlässige Begründung der Endzahlen ermöglichen. Nur wenn es möglich ist, die besonderen örtlichen Verhältnisse und sonstigen Einflüsse in ihren finanziellen Folgen nachzuweisen und zu zeigen, daß das Erreichbare auch erreicht ist, werden sich viele Stadtverwaltungen und die verantwortlichen Leiter von Gaswerksunternehmen bereit finden, ihre Zahlen der öffentlichen Beurteilung anheimzugeben. Aus diesen Gesichtspunkten heraus habe ich mir die Aufgabe gestellt, auf einer breiteren Basis dieses für den vollendeten Wirtschaftserfolg des einzelnen Unternehmens wie für die rationelle Fortentwicklung der gesamten Gasindustrie höchstwichtige Gebiet der finanziellen Überwachung zu behandeln und eine derartige Organisation für Gaswerksunternehmen anzubahnen, nachdem ich bereits in früheren Veröffentlichungen[1]) versucht habe, ein allgemeines Interesse für gewisse Teilfragen auf diesem Gebiete anzuregen.

Der Verein von Gas- und Wasserfachmännern, der neben der wissenschaftlichen und technischen Förderung der Gasindustrie seit einigen Jahren mit bahnbrechendem Erfolg die Behandlung der heute die gesamte Industrie beherrschenden wirtschaftlichen Probleme aufgenommen hat, hat auf der Jahresversammlung in Königsberg, Juni 1910, auch bereits die Bedeutung der hier vorliegenden wirtschaftlichen Frage gewürdigt, indem er der dort neu gegründeten »Kommission für den Betrieb von Gaswerken« neben ihrer vorläufigen Hauptaufgabe, der Schaffung einer Gasstatistik, die Prüfung der Frage einheitlicher Selbstkostenberechnung[2]) vorgelegt hat. Es ist zu wünschen, daß die vereinten Bemühungen recht bald zu einer allgemeinen Durchführung einheitlicher finanzieller Überwachungsformen führen werden, damit die mächtig aufstrebende Gasindustrie bei ihrer neuen Entfaltung einen sicheren Führer gewinnt und mit stets wachsendem Erfolg den Wettstreit mit einer rührigen Konkurrenz besteht.

[1]) F. Greineder, »Betriebsbuchführung für Gaswerksbetriebe«, Oldenbourg, München und Berlin 1910. — Derselbe, »Die Selbstkostenberechnung im Gaswerksbetrieb«. Arbeit zu einem Preisausschreiben der Gesellschaft für wirtschaftliche Ausbildung aus dem Jahre 1907, veröffentlicht in der Zeitschrift »für Handelswissenschaftliche Forschung«, Juniheft 1910.

[2]) Siehe Journal für Gasbeleuchtung und Wasserversorgung, Verhandlungen der 51. Jahresversammlung des D. V. v. G. und W. in Königsberg, Jahrgang 1910, S. 617, 758 und 944.

Journal für Gasbeleuchtung u. verwandte Beleuchtungsarten

sowie für Wasserversorgung. Organ des Deutschen Vereins von Gas- und Wasserfachmännern. Herausgeber und Chefredakteur Dr. **H. BUNTE,** Professor an der Technischen Hochschule Karlsruhe. Erscheint wöchentlich. Preis jährlich M. **20.**—

Die im 54. Jahrgang erscheinende Zeitschrift behandelt nicht nur die Kohlengasbeleuchtung und Wasserversorgung, auf welchen Gebieten sie unter den Publikationen aller Länder eine führende Stelle einnimmt, in ihrem ganzen Umfange, sondern gibt auch eingehende Informationen über die verwandten Beleuchtungsarten, Azetylen, Petroleum, Spiritusglühlicht, Luftgas sowie elektrische Beleuchtung. Auch die Hygiene wird, soweit sie im Hinblick auf die Beleuchtung, Wasserversorgung, Städtereinigung usw. in Betracht kommt, in gebührender Weise berücksichtigt. — Besondere Aufmerksamkeit wird allen bewährten und aussichtsreichen Neuerungen im Installationswesen sowohl auf d. Gebiete der Licht- als d. Wasserversorgung gewidmet.

Berichte über die einschlägigen Fachvereine, die Abschnitte „Literatur", „Auszüge aus den Patentschriften", „Statistische und finanz. Mitteilungen", „Korrespondenz" und „Brief- und Fragekasten" vervollständigen den Inhalt jeder Nummer.

Schaars Kalender für das Gas- und Wasserfach.

Herausgegeben von Dr. **E. SCHILLING,** Zivilingenieur in München und **G. ANKLAM,** Ing. und Betriebsdirigent der Berliner Wasserwerke zu Friedrichshagen. Erscheint alljährlich. In 2 Teilen, wovon der erste Teil in Brieftaschenform (Leder) gebunden. Preis M. **5.50**

Wie das Gas- und Wasserfach selbst sich in diesem Zeitraum in ungeahnter Weise entwickelt hat, so ist auch der Kalender für das Gas- und Wasserfach zu einem immer umfangreicheren und zuverlässigeren Nachschlagewerk geworden. Herausgeber und Verlag sind wie bisher auch heuer mit bestem Erfolg bemüht gewesen, den Kalender auf der Höhe der Zeit zu halten.
(Journal für Gasbeleuchtung und Wasserversorgung.)

Der Gasrohrleger und Gaseinrichter.

Ein Handbuch für Rohrleger, Gaseinrichter, Monteure, Gas- und Installationsmeister sowie Gastechniker. Von **FRIEDRICH KUCKUK,** Direktor der städtischen Gas-, Wasser- und Elektrizitätswerke Heidelberg. **Zweite,** umgearb. Aufl. X u. 326 S. 8°. Mit 388 Abbild. u. 1 Tafel. In Leinw. geb. Preis M. **5.**—

. . . Das Buch dient daher jedem Berufskollegen in gegebenem Falle als sicherer Führer und Berater, da dasselbe jede nötige und aufschlußgebende Unterlage auf dem bereits erwähnten Gebiete enthält und ist die Anschaffung desselben, da zurzeit ein ähnliches Werk unseres Wissens nicht existiert, jedem Fachmann sehr zu empfehlen. Aber auch bei städtischen Verwaltungen sollte dasselbe der Fachbibliothek eingereiht werden, um dadurch den Betriebsbeamten zugänglich gemacht werden zu können. **(Installateur.)**

Das hängende Gasglühlicht.

seine Entstehung, Wirkung u. Anwendung. Ein Handbuch für Fabrikanten u. Konsumenten. Bearbeitet von Ing. **FRIEDRICH AHRENS.** 286 Seiten. 8°. Mit 391 Abbildungen. In Leinwand gebunden Preis M. **6.**—

. . . Das klar und faßlich geschriebene und mit einer reichen Anzahl sehr instruktiver Zeichnungen und Abbildungen versehene Buch gibt eine vortreffliche Orientierung über die verschiedenen Anwendungsarten der Invert-Gasglühlichtbeleuchtung und dürfte nicht nur allen Gaskonsumenten und Interessenten willkommen sein, sondern auch zu weiteren Verbesserungen der bestehenden Lampeneinrichtungen Anregung geben und damit zur Erweiterung des Anwendungsgebietes des hängenden Gasglühlichts beitragen.
(Wochenschrift f. d. öffentl. Baudienst.)

Reduktions-Tabelle für Heizwert und Volumen von Gasen.

Rechnerische und logarithmische Tafel: I. zur Reduktion des oberen bzw. unteren Heizwertes von Gasen bei t° C und b mm Barometerstand auf 0° und 760 mm, II. zur Reduktion beliebiger Gasvolumina bei t° C und b mm Barometerstand auf 0° und 760 mm. Von **K. LUDWIG,** Chemiker. In festem Umschlag Preis M. **1.20**

Die Tafel kann allen, die mit Heizwert- u. Volumberechnungen von Gasen zu tun haben, als ein höchst nützliches Hilfsmittel empfohlen werden.
(Gesundheits-Ingenieur.)

www.ingramcontent.com/pod-product-compliance
Lightning Source LLC
LaVergne TN
LVHW080002031026
849161LV00026B/2960